W0336792

Silvia Maaß

Stärken entdecken
Schwächen erkennen

Ein Förderprogramm für Vorschulkinder zum Thema „Flug ins All“

Silvia Maaß

Stärken entdecken
Schwächen erkennen

Ein Förderprogramm für Vorschulkinder
zum Thema „Flug ins All“

verlag modernes lernen - Dortmund

© 2004 BORGMANN MEDIA verlag modernes lernen Borgmann KG
Hohe Straße 39 • D-44139 Dortmund

Gesamtherstellung: Löer Druck GmbH, Dortmund

Bestell-Nr. 1226 ISBN 3-8080-0580-7

Urheberrecht beachten!
Alle Rechte der Wiedergabe dieses Fachbuches zur beruflichen Weiterbildung, auch auszugsweise und in jeder Form, liegen beim Verlag. Mit der Zahlung des Kaufpreises verpflichtet sich der Eigentümer des Werkes, unter Ausschluss der § 52a und § 53 UrhG., keine Vervielfältigungen, Fotokopien, Übersetzungen, Mikroverfilmungen und keine elektronische, optische Speicherung und Verarbeitung (z.B. Intranet), auch für den privaten Gebrauch oder Zwecke der Unterrichtsgestaltung, ohne schriftliche Genehmigung durch den Verlag anzufertigen. Er hat auch dafür Sorge zu tragen, dass dies nicht durch Dritte geschieht.

Zuwiderhandlungen werden strafrechtlich verfolgt und berechtigen den Verlag zu Schadenersatzforderungen. (Die als Kopiervorlagen ausgewiesenen Seiten (©) stehen dem Käufer dieses Buches für den *nichtgewerblichen* Gebrauch zur Verfügung.)

Inhalt

Einleitung ... 7

1. Die Wahrnehmung ... 9
- 1.1 Die auditive Wahrnehmung ... 9
- 1.2 Die visuelle Wahrnehmung ... 10
- 1.3 Die taktil-kinästhetische Wahrnehmung ... 10

2. Die motorische Entwicklung ... 11
- 2.1 Feinmotorik ... 11
- 2.2 Grobmotorik ... 11

3. Die kognitive und sprachliche Entwicklung ... 13
- 3.1 Die Aufmerksamkeit ... 13
- 3.2 Die Sprache ... 14
- 3.3 Das Gedächtnis ... 14
- 3.4 Das produktive und das rechnerische Denken ... 14

4. Ein Förderprogramm für Vorschulkinder ... 15
- 4.1 Aufbau des Förderprogramms ... 15
- 4.2 Diagnostische Überlegungen ... 16
- 4.3 Datenschutzrechtliche Überlegungen ... 17
- 4.4 Zum Arbeiten mit den Erfolgsprotokollen ... 17

5. Gedanken über die Persönlichkeit des Kindes ... 19
- 5.1 Fragebogen zur subjektiven Einschätzung der kindlichen Persönlichkeit (SEP) ... 19
- 5.2 Hinweise zur Durchführung ... 19
- 5.3 Ein Vorschlag für die Vorgehensweise ... 20

Die 20 Übungseinheiten des Förderprogramms ... 23

1. Einführungsstunde (Basisübungen) ... 25

2. Hören wie die Ohrenwesen (Basisübungen zur auditiven Wahrnehmung) ... 30

3. Augen auf! (Basisübungen zur visuellen Wahrnehmung) ... 36

4. Fühlen und Tasten (Basisübungen zur taktil-kinästhetischen Wahrnehmung) ... 52

5. Einzelförderung (nach Bedarf) ... 58

6. Besichtigung des Raumschiffs (Basisübungen zur feinmotorischen Entwicklung) ... 60

7. Astronautenkörpertraining Teil I (Übungen zur grobmotorischen Entwicklung) ... 71

8. Astronautenkörpertraining Teil II (Übungen zur grobmotorischen Entwicklung) ... 74

9. Einzelförderung (nach Bedarf) ... 83

10. Die Geschichte der Raumfahrt (Basisübungen zur Aufmerksamkeitsfähigkeit) ... 84

11. Dem Ohri unsere Welt erklären (Basisübungen zur sprachlichen Entwicklung) ... 92

12. Weißt du noch? (Basisübungen zur Gedächtnisentwicklung) ... 97

13. Einzelförderung ... 101

14. Die Ohrischule (Basisübungen zum produktiven Denken Teil I) ... 102

15. Ball, Tasche, Kanne (Basisübungen zum produktiven Denken Teil II) ... 106

16. Zehn Astronauten (Basisübungen zum rechnerischen Denken Teil I) ... 133

17. Sterne (Basisaufgaben zum rechnerischen Denken Teil II) ... 137
18. Einzelförderung (nach Bedarf) ... 148
19. Vorbereitung des Abschlussfestes ... 149
20. Abschlussfest: Weltraumflug zum Planeten der Ohrenwesen ... 150
6. Das entstandene Entwicklungsprofil – abschließende Betrachtungen ... 152
Literatur ... 155
Anhang – Kopiervorlagen für die Astronautenausweise ... 157

Einleitung

Die Forderungen nach gezielter Bildung im Vorschulalter nehmen in letzter Zeit zu.
Der Anspruch des vorgestellten Frühförderprogramms ist daher, psychologische Erkenntnisse über Entwicklungsdiagnostik im Vorschulalter mit anwendungsfreundlichen Methoden zu verbinden. Den interessierten ErzieherInnen, Eltern, HeilpädagogInnen und so weiter soll ein Instrument in die Hände gegeben werden, mit dem sie in spielerischer Form den Entwicklungsstand der ihnen anvertrauten Kinder in groben Zügen einschätzen können. Damit sind sie in der Lage, sich einen systematischen Überblick über die Stärken und Schwächen der etwa fünf- bis sechsjährigen Kinder zu verschaffen, um entsprechende Fördermöglichkeiten daraus abzuleiten.
Es geht also nicht um ein elitäres Ausleseverfahren. Vielmehr soll das Förderprogramm einerseits einen Beitrag dazu leisten, durch entsprechende Maßnahmen auch Kindern mit bestimmten Defiziten einen möglichst optimalen Schulstart zu ermöglichen und andererseits Begabungen zu erkennen und zu fördern.
Für die entwicklungsrelevanten Funktionsbereiche werden diagnostische Beobachtungshinweise und Übungsvorschläge angeboten.
Um die Kinder nicht einer Testatmosphäre auszusetzen, werden alle 20 Übungseinheiten in eine Spielrahmenhandlung eingebunden, die nicht nur für ein systematisches Vorgehen sorgt, sondern auch mit Sicherheit die Kinder begeistert und ihnen zugleich Wissen über die Erde, über die Raumfahrt, unser Sonnensystem und vieles mehr vermittelt. Vierzehn dieser Übungseinheiten sind besonders gekennzeichnet, da sie als Basisübungen für eine diagnostische Auswertung bedeutsam sind. Sie sollten auf jeden Fall genutzt werden. Die Durchführung der restlichen Einheiten ist abhängig von individuellen Gegebenheiten. Somit handelt es sich hierbei um Übungsbausteine, die je nach Bedarf zusammengestellt werden können.
Die Geschichte, die der Rahmenhandlung zugrunde liegt, macht die Kinder in der Einführungsstunde mit dem „Planeten der Ohrenwesen“ bekannt.
Alle Übungseinheiten bauen darauf auf. Die Kinder „trainieren ihren Körper, ihre Ohren und vieles mehr“, um schließlich am Ende des Förderprogramms fit zu sein für einen „Weltraumflug zu den Ohrenwesen“.
Es werden sowohl die Bereiche der motorischen Fähigkeiten als auch die der Wahrnehmung und der sprachlichen sowie kognitiven Entwicklung, einschließlich des Gedächtnisses und der Aufmerksamkeit, abgedeckt.
Das Test- und Übungsmaterial wird in einer Form angeboten, die den Kindern das Erarbeiten über verschiedene Sinneskanäle ermöglicht. Diesem Zweck dienen viele Kopiervorlagen.
Die Einschätzung der entsprechenden kindlichen Kompetenzen kann während der jeweiligen Übungseinheit in die Erfolgsprotokolle eingetragen werden. Am Ende des Förderprogramms besteht dann die Möglichkeit, für jedes Kind ein Entwicklungsprofil zu erstellen und davon gegebenenfalls Fördermaßnahmen abzuleiten.
Jedes Kind erhält zu Beginn einen Astronautenausweis (siehe Kopiervorlagen im Anhang), in dem die Spiele der einzelnen Übungseinheiten aufgeführt sind. Außerdem finden die Eltern dort auch kurze Informationen darüber, was ihrem Kind an Wissen vermittelt wurde.
Dadurch haben die Kinder eine schöne Erinnerung. Den Eltern wird außerdem eine Transparenz gewährt, die es ihnen ermöglicht, sich zu beteiligen, indem sie beispielsweise das neu erworbene Wissen ihrer Kinder vertiefen und erweitern.
Das Förderprogramm hat das Weltall zum Thema und kann daher auch innerhalb eines größeren Projektes eingesetzt werden.
Es bietet sich z.B. an, mit den Kindern ein Planetarium zu besuchen, eine Weltallkarte im Zimmer anzubringen und vieles mehr.
ErzieherInnen, TherapeutInnen, Tagesmütter, HeilpädagogInnen und so weiter, aber auch Eltern können dieses Förderprogramm durchführen. Um nicht jedes Mal alle in Frage kommenden Personen

aufzählen zu müssen, ist an den entsprechenden Stellen nur „der Erwachsene“ zu lesen.
Es ist empfehlenswert, mehrere Kinder einzubeziehen.
Da vom Ansatz der ganzheitlichen Förderung ausgegangen wird, finden die interessierten LeserInnen auch einen Fragebogen, der ihnen möglicherweise hilft, einen tieferen Einblick in die Persönlichkeit des Kindes beziehungsweise der betreffenden Kinder zu erhalten.

Herzlich bedanken möchte ich mich bei allen, die direkt oder indirekt zum Entstehen dieses Buches beigetragen haben. Dabei denke ich vor allem an Renate, an meine Söhne Franz Leonard und Konstantin, an Jörg, Andre und Friedrich, an meine ehemaligen Kolleginnen Anja und Katrin, an Vera, an die Blankenfelder Bibliothekarinnen und an Frau Balke-Schmidt.

Das Bild des Mutschangos verdanke ich Franz Leonard Maaß.

1. Die Wahrnehmung

Das Wahrnehmungssystem ermöglicht es dem Menschen, Informationen aus der Umwelt aufzunehmen und zu verarbeiten. Während der Erwachsene in der Regel über ein hoch differenziertes Wahrnehmungssystem verfügt, entwickeln sich beim Kind erst die entsprechenden Fähigkeiten durch das Erreichen der anatomischen und physiologischen Voraussetzungen sowie durch Erfahrungs- und Lerneinflüsse.
Die Wahrnehmungsprozesse sind von größter Bedeutung für die Entwicklung aller anderen Funktionsbereiche.
An dieser Stelle sei z.B. auf den Zusammenhang zwischen Greifen und Begreifen verwiesen (siehe 1.3). Gerade für Kinder existiert nur, was sie unmittelbar mit den Sinnen aufnehmen können.
Doch auch im sozialen Bereich spielen Wahrnehmungsprozesse eine wichtige Rolle.
Im vorliegenden Förderprogramm werden Spiele und Übungen für die Bereiche der auditiven, visuellen und taktil-kinästhetischen Wahrnehmung vorgestellt.

1.1 Die auditive Wahrnehmung

Unter auditiver Wahrnehmung versteht man „die Aufnahme von akustischen Reizen und ihre Verarbeitung in Form von Speicherung, Auswahl, Differenzierung, Analyse und Synthese im zentralen Nervensystem" (Barth, 1997, S. 87).
Auditive Beeinträchtigungen können weitreichende Konsequenzen für die sprachliche, geistige und soziale Entwicklung zur Folge haben.
Das wiederum hat oft negative Auswirkungen auf das Lern- und Leistungsverhalten der betroffenen Kinder.
Das Hörvermögen ist nicht identisch mit der auditiven Wahrnehmung. Aus physiologischer Sicht lässt sich Ersteres leicht von einem Hals-Nasen-Ohren-Arzt überprüfen. Doch trotz intakten Hörvermögens leiden nicht wenige Kinder an auditiven Beeinträchtigungen infolge von Schwierigkeiten im Bereich der auditiven Wahrnehmung.
Diesen Kindern wird oft unterstellt, dass sie – wie die Überprüfung durch den HNO-Arzt ergab – gut hören können; also nicht hören wollen.
Bei diesen in ihrer Wahrnehmung beeinträchtigten Kindern treten Probleme bei der Identifikation und bei der Diskrimination auditiver Reize auf.
Für das schulische Lernen sind, so Eggert (1992), folgende Bereiche der auditiven Wahrnehmung wichtig: die auditive Aufmerksamkeit, die auditive Figur-Grund-Wahrnehmung sowie die auditive Diskrimination und Lokalisation in der Zeit und die Wortanalyse.
Unter einer auditiven Figur-Grund-Wahrnehmung wird beispielsweise die Fähigkeit verstanden, einen bestimmten auditiven Reiz als Hauptreiz zu erkennen und bewusst in den Mittelpunkt der Aufmerksamkeit zu stellen. Ein Beispiel: Nicht das Rascheln des Papiers beim Umblättern einer Seite ist wichtig, sondern die Stimme der Mutter oder Erzieherin, die gerade eine Geschichte vorliest.
Mit auditiver Diskrimination ist die Fähigkeit gemeint, Ähnlichkeiten und Unterschiede von Geräuschen herauszuhören.
Einen auditiven Reiz in einer zeitlichen Reihenfolge zu erkennen und zu verarbeiten (z.B. die Buchstabenfolge im Wort), nennt man dagegen auditive Lokalisation in der Zeit.
Daraus abgeleitete förderrelevante Bereiche sind die der Sprach- und Geräuschidentifikation, der auditiven Diskrimination und Lokalisation, der Figur-Grund-Wahrnehmung des auditiven Gedächtnisses und der auditiven Aufmerksamkeit.
Dementsprechend wurde die im Praxisteil vorgestellte Übungseinheit zur auditiven Wahrnehmung zusammengestellt.

1.2 Die visuelle Wahrnehmung

Mit visueller Wahrnehmung ist die Art und Weise gemeint, wie ein Individuum das Gesehene aufnimmt und verarbeitet. Auf die Rezeptoren der Netzhaut wirkt ein Strom von Reizen ein. Das visuelle System filtert nun Teile heraus und verarbeitet sie zu „Qualitäten in der Wahrnehmung“ (Pieper, 1990, S.28).

Frostig fasst in ihrem Entwicklungstest der visuellen Wahrnehmung fünf wichtige Bereiche zusammen: die visuo-motorische Koordination, die Figur-Grund-Wahrnehmung, die Wahrnehmungskonstanz, die Wahrnehmung der Raumlage und der räumlichen Beziehungen.

Die **visuo-motorische Koordination** ist die Fähigkeit, Sehen und Körperbewegungen koordinieren zu können. Diese Fähigkeit wird übrigens innerhalb dieses Förderprogramms auch in der Übungseinheit zur feinmotorischen Entwicklung geprüft.

Mit **Figur-Grund-Wahrnehmung** meint man die Fähigkeit, sich auf den visuellen Hauptreiz konzentrieren zu können.

Unter **Wahrnehmungskonstanz** versteht man dagegen die Fähigkeit, bestimmte Eigenschaften eines Objektes (z.B. die Form) trotz unterschiedlichen Netzhautbildes wieder zu erkennen. Die Konstanzwahrnehmung ist eine der wichtigsten Fähigkeiten im visuellen Bereich. Ohne sie würden wir nichts sehen, als die ständig wechselnden Bilder auf den Netzhäuten im Augenhintergrund.

Das richtige Erfassen der **Raumlage** ist später unter anderem eine Voraussetzung für das problemlose Erlernen des Lesens und des Schreibens, indem man beispielsweise ein „b“ von einem „d“ unterscheidet.

Der Bereich **räumliche Beziehungen** meint schließlich die Fähigkeit, die Lage von zwei oder drei Objekten in Bezug auf sich selbst und aufeinander zu erkennen.

Auch die visuelle Wahrnehmung umfasst also weitaus mehr als den Prozess des Sehens. Trotz intakter Augen können Schwierigkeiten infolge von Wahrnehmungsstörungen auftreten, die unter Umständen zu Schulproblemen führen.

Um die visuelle Wahrnehmungsfähigkeit der Kinder prüfen zu können, wurden für das vorliegende Förderprogramm die oben genannten Bereiche sowie die Bereiche visuelle Differenzierungsfähigkeit und visuelles Gedächtnis ausgewählt.

1.3 Die taktil-kinästhetische Wahrnehmung

Es werden hier zwei Wahrnehmungsbereiche zusammengefasst: die taktile und die kinästhetische Wahrnehmung.

Unter taktiler Wahrnehmung versteht man die Berührungs- und Tastwahrnehmung, also die Fähigkeit, leichte und stärkere Berührungsreize differenzieren und lokalisieren zu können (Oberflächen- und Tiefenwahrnehmung). Das taktile Wahrnehmungssystem ist bei den Kindern bereits relativ früh ausgereift und verschafft den Kleinen wichtige Informationen über ihre Umwelt.

Die kinästhetische Wahrnehmung meint die Fähigkeit, Veränderungen der Muskel- und Gelenkstellungen wahrzunehmen und zu imitieren.

Die einzelnen Übungseinheiten des Förderprogramms greifen ineinander über. So wird beispielsweise die kinästhetische Wahrnehmung auch im Rahmen der grobmotorischen Entwicklung geprüft.

In der Übungseinheit zur taktil-kinästhetischen Wahrnehmung wird den Kindern eine Reihe von Spielen angeboten, die unter anderem das Berührungsempfinden, die taktile Formwahrnehmung, Fingerdifferenzierung und die taktile Differenzierung prüfen.

Gerade bei jüngeren Kindern (z.B. im Vorschulalter) ist die taktil-kinästhetische Wahrnehmung von großer Bedeutung. Das Kind greift und begreift.

2. Die motorische Entwicklung

Im vorliegenden Förderprogramm können die motorischen Kompetenzen in drei Übungseinheiten geprüft werden. Eine Übungseinheit betrifft den feinmotorischen Bereich und zwei Übungseinheiten sind der grobmotorischen Entwicklung vorbehalten.
Die motorischen Kompetenzen sind eng mit der taktil-kinästhetischen Entwicklung verknüpft. Beispielsweise können Kinder, die Probleme mit der Kraftdosierung haben, möglicherweise unter einer Störung der Tiefenwahrnehmung leiden. Daher ist es empfehlenswert, bei Auffälligkeiten im motorischen Bereich auch die Ergebnisse der Übungseinheit zur taktil-kinästhetischen Wahrnehmung mit zu berücksichtigen.

2.1 Feinmotorik

Geprüft werden im feinmotorischen Bereich die Finger-Hand-Geschicklichkeit, die visuo-motorische Koordination und die Graphomotorik. Diese drei Fähigkeiten sind meist eng miteinander verwoben. Unter visuo-motorischer Koordination wird die Fähigkeit verstanden, das Sehen mit Körperbewegungen zu koordinieren (siehe hierzu auch 2.2). Zum Teil wird diese Fähigkeit auch in den Übungseinheiten zur grobmotorischen Entwicklung geprüft (Werfen, Fangen, Zielwerfen). Die Graphomotorik ist für das Zeichnen, Schreiben und so weiter zuständig.
Die einzelnen Übungen zur feinmotorischen Entwicklung durchlaufen die Kinder in spielerischer Form. Sie dürfen „besuchsweise den Innenraum des Raumschiffes" betreten und bekommen dabei einiges zu tun. So öffnet sich die Tür beispielsweise nur, nachdem mit einem „Zauberstift" eine geometrische Form nachgefahren wurde und die Kinder müssen schnell ihre Vitaminpillen (Liebesperlen) in ein Fläschchen füllen.

2.2 Grobmotorik

Die insgesamt 22 Einzelaufgaben werden in zwei Übungseinheiten (Astronautenkörpertraining Teil I und II) aufgegliedert und in einer abwechslungsreichen Art dargeboten, die die Neugierde und Anstrengungsbereitschaft der Kinder weckt.
Geprüft werden im Bereich der grobmotorischen Entwicklung sowohl konditionelle als auch koordinative Fähigkeiten.
Den konditionellen Fähigkeiten werden Kraft, Schnelligkeit und Ausdauer zugeordnet.
Zu den koordinativen Fähigkeiten zählen unter anderem statisches und dynamisches Gleichgewicht, Reaktionsfähigkeit, Rhythmusfähigkeit, räumliche Orientierungsfähigkeit, Bewegungskoordination und visuo-motorische Koordination (Auge-Hand-Koordination) sowie die kinästhetische Differenzierungsfähigkeit (Geschicklichkeit, Beweglichkeit, Bewegungselastizität und Kraftdosierung).
Jede der beiden Übungseinheiten beginnt zur Erwärmung mit einem Reaktionslauf. Anschließend erfolgt ein fließendes Üben nacheinander an fünf verschiedenen Stationen.
Bestimmte motorische Fähigkeiten werden danach beim gemeinsamen Üben geprüft und beide Übungseinheiten enden mit einem lustigen Bewegungsspiel.
Zum Schluss kreuzen die Kinder allein oder mit Hilfe des Erwachsenen in ihren Astronautenausweisen die durchgeführten Übungen an. Übungen, mit deren Ergebnissen die Kinder selbst noch nicht zufrieden sind, können sie durch einen Punkt kennzeichnen.

3. Die kognitive und sprachliche Entwicklung

Unter Kognition versteht man alle Formen des Erkennens und Wissens, daher wird der Begriff Kognition oft synonym für Denken verwendet. Kognition umfasst aber, so Zimbardo (1999), neben dem Denken und Problemlösen die Mustererkennung, das Gedächtnis, die Aufmerksamkeit, das Sprechen und Sprachverstehen sowie das intelligente Handeln. Das Wahrnehmen gehört eigentlich ebenfalls in diesen Bereich.
Kognitive Prozesse sind geistige Operationen, innerhalb derer sich die einzelnen Funktionsbereiche, wie die Aufmerksamkeit, die Sprache, das Gedächtnis und so weiter gegenseitig bedingen.

3.1 Die Aufmerksamkeit

Aufmerksamkeit wird oft mit Konzentration gleichgesetzt. Eltern, die im Kindergarten oder in der Schule auf die mangelnde Aufmerksamkeit ihres Kindes angesprochen werden, antworten oft spontan: „Mein Kind kann sich aber gut konzentrieren, wenn es will."
Das mag sein, zumal, wenn es sich um für das Kind interessante Tätigkeiten handelt. Dennoch kann das gleiche Kind Aufmerksamkeitsstörungen aufweisen, denn Aufmerksamkeit und Konzentration sind nicht identisch. Konzentration ist zwar, so Lauth u.a. (2000) ein wichtiger Teil der Aufmerksamkeit, unter Aufmerksamkeit dagegen ist jedoch wesentlich mehr zu verstehen, nämlich die Fähigkeit, über längere Zeit auch bei weniger interessanten Sachen wach – also aufmerksam – zu bleiben und störende Dinge zu ignorieren. Es ist die Fähigkeit zur gezielten Aufnahme von Umweltinformationen durch die Sinnesorgane.
Die Aufmerksamkeit könnte man sich also als einen Trichter vorstellen, der aus allen Reizen, die auf das Kind einströmen, die wichtigen herausfiltert. Ist die Funktion dieses „Filters", aus welchem Grund auch immer, beeinträchtigt, ist das Kind einer Flut von Reizen ausgesetzt und geht jedem Impuls sofort nach. Impulsivität ist daher auch ein Hauptmerkmal für eine Aufmerksamkeitsschwäche.
Obgleich sehr impulsive Kinder, die unter Aufmerksamkeitsstörungen leiden, bereits im Vorschulalter arg die Nerven ihrer Eltern und Erzieher strapazieren, beginnen die stärkeren Probleme erst im Grundschulalter, denn eine gut funktionierende Aufmerksamkeit ist eine wichtige Voraussetzung für das Verfolgen des Unterrichtsgeschehens und für das Bewältigen von geforderten Aufgaben.
Die positive Nachricht lautet: Aufmerksamkeit kann man erlernen. Es ist zwar mühsam, aber möglich. In speziellen Trainingsprogrammen lernen die Kinder, ihre Probleme zu verstehen und mit Hilfe von Selbstinstruktionen zu verringern, denn man hat beispielsweise herausgefunden, dass die betroffenen Kinder wenig oder gar nicht mit sich selbst sprechen. Aus diesem Grund stürzen sie sich oft, ohne innezuhalten, in waghalsige Situationen oder machen sich durch ständiges Dazwischenreden „unbeliebt".
Kindern mit Aufmerksamkeitsproblemen sollte schon im Vorschulalter Hilfe zuteil werden. Sie müssen immer wieder gebremst werden (z.B. mit einem gebastelten Stopp-Schild) und daran erinnert werden nachzudenken, was ihre Aufgabe ist; sich also Selbstinstruktionen zu geben. 'Stopp – Ich wollte mir die Hände waschen. Ich gehe jetzt in den Waschraum. Dort spritze ich nicht mit Wasser wild herum, sondern konzentriere mich auf meine Aufgabe'.
Auch Arbeitsblätter mit aufgezeichneten Instruktionen sind sehr hilfreich. Das Kind soll möglichst selbständig erkennen, was seine Aufgabe ist und diese bis zum Ende durchführen.
Da die Aufmerksamkeitsfähigkeit von vielen Faktoren abhängig ist (z.B. auch vom Wohlbefinden), ist es wenig sinnvoll, in nur einer einzigen Übungseinheit die Aufmerksamkeitsfähigkeit testen zu wollen. Daher ist in dieser Übungseinheit ein Fragebogen enthalten, der es Eltern und Erziehern ermöglicht, Tendenzen einer Aufmerksamkeitsschwäche über einen langen Zeitraum zu beobachten.
Im Rahmen der Übungseinheit zur Aufmerksamkeitsfähigkeit wird den Kindern dann eine Geschichte vorgelesen (Geschichte der Raumfahrt), die durch einige Übungen unterbrochen wird, welche die

Beobachtung der Aufmerksamkeitsfähigkeit an diesem Tag zulassen.
Gleichzeitig wird den Kindern Wissen vermittelt.

3.2 Die Sprache

Zwischen Denken und Sprache besteht ein dialektisches Wechselverhältnis, das heißt: Die kognitiven Kompetenzen sind für die Sprachentwicklung von großer Bedeutung, wie umgekehrt auch die sprachlichen Fähigkeiten bedeutsam sind für die kognitive Entwicklung.
Eine Beeinträchtigung der sprachlichen Entwicklung kann, so Odreitz (1982), zu einer Beeinflussung der Erkenntnistätigkeit, also der Wahrnehmung, Begriffsbildung, Gedächtnis und Problemlösung, führen.
Sprachprobleme haben demnach oft eine Einschränkung des begrifflichen Denkens und Wissens, aber auch verändertes Sozialverhalten zur Folge.
Gleichzeitig verweist Odreitz (1982) auf die Wichtigkeit des familiären und pädagogischen Bedingungsgefüges.
Im Vorschulalter geht es bei der Sprachentwicklung um Differenzierung und Integration der bereits vorhandenen Fähigkeiten.

3.3 Das Gedächtnis

Wenn es um das Gedächtnis geht, wird wieder einmal deutlich, wie die einzelnen Funktionsbereiche zusammenspielen und einander bedingen.
Informationen, die mit Aufmerksamkeit verfolgt wurden und mit den Sinnesorganen wahrgenommen werden konnten, können nun bewusst gespeichert werden.
Die Gedächtnisleistung ist wiederum bedeutsam für die Entwicklung des Denkens, denn nur gespeicherte Informationen können für Denkprozesse abgerufen und verarbeitet werden.
Auch die sprachliche Entwicklung ist logischerweise eng mit dem Gedächtnis verknüpft.
Aufgrund der weitreichenden Auswirkungen, die Gedächtnisleistungen für alle anderen Funktionsbereiche haben, soll dem Gedächtnis eine Extraübungseinheit vorbehalten bleiben, obwohl auditive und visuelle Gedächtniskompetenzen bereits in anderen Übungseinheiten geprüft werden können.

3.4 Das produktive und das rechnerische Denken

Das produktive und das rechnerische Denken sind wesentliche Elemente der kognitiven Entwicklung. Während im Bereich des rechnerischen Denkens die Mengenauffassung geprüft wird, geht es beim produktiven Denken z.B. um das Zuordnen von Dingen, um kausales und finales Denken, um das Finden von Analogieschlüssen und so weiter. Wie man sieht, sind auch die Bereiche des produktiven und des rechnerischen Denkens eng miteinander verflochten.

4. Ein Förderprogramm für Vorschulkinder

4.1 Aufbau des Förderprogramms

Folgende Übungseinheiten können innerhalb des Förderprogramms zusammengestellt werden:

1. **B**. Einführungsstunde
2. **B**. Hören wie die Ohrenwesen (Basisübungen zur auditiven Wahrnehmung)
3. **B**. Augen auf (Basisübungen zur visuellen Wahrnehmung)
4. **B**. Fühlen und Tasten (Basisübungen zur taktil-kinästhetischen Wahrnehmung)
5. Einzelförderung
6. **B**. Besichtigen des Raumschiffs (Basisübungen zur feinmotorischen Entwicklung)
7. **B**. Astronautenkörpertraining Teil I (Übungen zur grobmotorischen Entwicklung)
8. Astronautenkörpertraining Teil II (Übungen zur grobmotorischen Entwicklung)
9. Einzelförderung
10. **B**. Die Geschichte der Raumfahrt (Basisübungen zur Aufmerksamkeitsentwicklung)
11. **B**. Dem Ohri unsere Welt erklären (Basisübungen zur sprachlichen Entwicklung)
12. **B**. Weißt du noch? (Basisübungen für das Gedächtnis)
13. Einzelförderung
14. **B**. Die Ohrischule (Basisübungen zum produktiven Denken Teil I)
15. **B**. Ball, Tasche, Kanne (Basisübungen zum produktiven Denken Teil II)
16. **B**. Zehn Astronauten (Basisübungen zum rechnerischen Denken Teil I)
17. **B**. Sterne (Basisübungen zum rechnerischen Denken Teil II)
18. Einzelförderung
19. Vorbereitungen auf die große Reise
20. **B**. Abschlussfest: Der Weltraumflug zu dem Planeten der Ohrenwesen

Alle 20 Spiel- und Übungsstunden dienen sowohl diagnostischen Zwecken als auch der ganzheitlichen Förderung.
Sie sind in eine Spielrahmenhandlung eingebunden, wobei vierzehn dieser Übungseinheiten in der oben aufgeführten Übungsliste durch ein **B.** besonders gekennzeichnet sind, da sie als Basisaufgaben für eine diagnostische Auswertung beziehungsweise für einen harmonischen Ablauf der Rahmenhandlung bedeutsam sind. Sie sollten auf jeden Fall genutzt werden.
Die beiden Übungseinheiten zur grobmotorischen Entwicklung (Astronautentraining I + II) können auch zu einem Kurztest zusammengefasst werden, daher ist beiden Übungen insgesamt nur ein **B.** vorangestellt.
Die Durchführung der übrigen Einheiten ist abhängig von individuellen Gegebenheiten.
Nach meist vier Übungseinheiten ist beispielsweise je eine Einzelförderung vorgesehen. Diese Übungsbausteine, die nur bei Bedarf eingesetzt werden, können den Kindern, die in den vorangegangenen Übungseinheiten Auffälligkeiten zeigten, die Möglichkeit geben, ihre Fähigkeiten und Fertigkeiten zu verbessern. Eine andere Möglichkeit wäre, dass der Erwachsene diese Stunde nutzt, um weitere diagnostische Beobachtungen vorzunehmen, um daraus Fördermaßnahmen abzuleiten.
Als Rahmenhandlung dient eine Geschichte, die die Kinder in der Einführungsstunde mit dem „Planeten der Ohrenwesen" bekannt macht. Die anderen Übungseinheiten sind darauf abgestimmt. Die Kinder trainieren wie Astronauten, um schließlich am Ende des Förderprogramms für einen „Weltraumflug zu den Ohrenwesen" bereit zu sein.
Es werden die motorischen Fähigkeiten sowie die Bereiche der Wahrnehmung und der sprachlichen und kognitiven Entwicklung, einschließlich des Gedächtnisses und der Aufmerksamkeit getestet und gefördert.

Wenn eine diagnostische Beobachtung vorgesehen ist, sollten höchstens 6 Kinder an diesem Programm teilnehmen, sofern nur ein Erwachsener zur Verfügung steht.
Geht die Anzahl der Kinder darüber hinaus, empfiehlt sich ein zusätzlicher Beobachter. Optimal wäre es, das Geschehen von dem zweiten Erwachsenen mit einer Videokamera festzuhalten und hinterher gemeinsam auszuwerten.
Wird das Förderprogramm lediglich zu Übungszwecken und zur Freude der Kinder durchgeführt, so ist es auch ohne Einschränkungen für größere Kindergruppen der Kitas und Vorschulen geeignet.
Obwohl bei den Vorschlägen zur Vorgehensweise die Kinder in der Mehrzahl angesprochen werden, ist es nicht zwingend erforderlich (wenn auch wünschenswert), mit mehreren Kindern zu arbeiten. Eltern, Therapeuten usw. können auch mit nur einem Kind alle Übungseinheiten, in mitunter modifizierter Form, durchspielen. Allerdings fehlt dann der Vergleich zwischen etwa gleichaltrigen Kindern, der die Ergebnisse erst relativiert, daher wäre zu überlegen, ob nicht vielleicht doch ein paar Freunde oder Freundinnen mit einbezogen werden können.

Der Aufbau der einzelnen Übungseinheiten sieht in etwa wie folgt aus:

1. Einleitung, oft verbunden mit Wissensvermittlung
2. Spielerische Übungen zu einem bestimmten Entwicklungsbereich
3. Abschließendes Spiel
4. Ankreuzen der durchgeführten Übungen in den Astronautenausweisen

In jeder Übungseinheit (die Einzelförderung ausgenommen) wurden meist folgende Aspekte berücksichtigt:

- Material
- Kurze Zusammenfassung
- Wissensvermittlung (kurzer Überblick)
- Vorgehensweise
- Hinweise zu den Einzelaufgaben und Spielen
- Beobachtungshinweise
- Erfolgsprotokoll zur Einschätzung des Entwicklungsstandes im jeweiligen Bereich
- Beispiele für Fördermaßnahmen im jeweiligen Bereich

Je nach Situation kann das Förderprogramm in einem Block von aufeinander folgenden Tagen oder auch gestreckt über mehrere Wochen durchgeführt werden.

4.2 Diagnostische Überlegungen

Es handelt sich bei diesem Förderprogramm nicht um ein standardisiertes Testverfahren im herkömmlichen Sinn. Das heißt, es gibt keine Vergleichsgruppen und daher keine Normtabellen und so weiter. Das Arbeiten mit einem solchen Instrument sollte jedoch auch den dafür zuständigen Fachleuten vorbehalten bleiben.
Bei dem vorliegenden Förderprogramm geht es eher darum, mit Hilfe von diagnostischen Beobachtungshinweisen die uns anvertrauten Kinder dahingehend zu beobachten, ob sie in ihrer Entwicklung starke Verzögerungen oder Störungen zeigen.
Es soll Eltern, Erzieherinnen, Therapeuten und so weiter bei einer systematischen Überprüfung nützlich sein und den Kindern gleichzeitig Freude bereiten und sie in ihrem Wissen und Können voranbringen. Nicht zuletzt werden auch besondere Begabungen erkannt.
Die in Spiele gekleideten Aufgaben dienen aber nicht nur diagnostischen Zwecken, sondern liefern auch Anregungen zu weiteren Übungen. Die Auswertung erfolgt, wie oben erwähnt, nicht mittels Normtabellen. Stattdessen wird ein für jedes Kind erstelltes Entwicklungsprofil das Förderprogramm abschließen. Das heißt, das Kind wird mit sich selbst verglichen, wie es bereits ein namhafter Pädagoge vor über hundert Jahren forderte.

Das Entwicklungsprofil zeigt ganz deutlich, wo einerseits Begabungen, wo aber auch eventuelle Schwächen vorhanden sind, so dass man nun ganz gezielt Fördermaßnahmen daraus ableiten kann.
Der wunderbare Gedanke, jedes Kind nur mit sich selbst zu vergleichen, lässt sich erst am Ende des Programms verwirklichen. Um überhaupt die Stärken und Schwächen eines Kindes erkennen zu können, ist ein Vergleich mit einer ziemlich homogenen Gruppe von Kindern notwendig. Es erleichtert die Einschätzung eines jeden Kindes. Hat ein Kind beispielsweise Schwierigkeiten bei einer Übung zur auditiven Wahrnehmung, so könnten dafür auch äußere Bedingungen relevant sein. Das wird man bei einem einzelnen Kind nur schwer herausfinden. Treten dagegen in einer Gruppe bei mehreren Kindern die gleichen Probleme auf, kann man sich ein besseres Bild über den Schwierigkeitsgrad der Übung und über den Einfluss äußerer Bedingungen machen. Beschäftigt man sich mit nur einem Kind, läuft man schnell Gefahr, dessen Leistungen zu unter- oder zu überschätzen. Erst die Arbeit mit mehreren etwa gleichaltrigen Kindern schafft ein Maß, an dem man sich grob orientieren kann. Dieser Vergleich mit anderen Kindern ist neben den diagnostischen Beobachtungshinweisen eine wichtige Richtschnur, die es möglich macht, am Ende des Förderprogramms jedes Kind mit sich selbst vergleichen zu können.
So wichtig die diagnostische Beobachtung auch ist, die Kinder dürfen auf keinen Fall das Gefühl haben, nur getestet und miteinander verglichen zu werden. Das Förderprogramm soll ihnen stattdessen Freude bereiten und sie untereinander näher bringen.

4.3 Datenschutzrechtliche Überlegungen

Bei der gezielten Beobachtung der Kinder und der Protokollierung der beobachteten Ereignisse handelt es sich letztendlich um eine Erhebung und Verarbeitung von personenbezogenen Daten. Daher sind datenschutzrechtliche Aspekte zu berücksichtigen. Mit Ausnahme der Eltern sind alle Betreuer, die mit diesem Förderprogramm arbeiten, verpflichtet, ihre Aufzeichnungen so aufzubewahren, dass nur die für die Kinder zuständigen Betreuer und natürlich die betroffenen Eltern Einsicht nehmen können. Gegenüber Dritten besteht Schweigepflicht, es sei denn, die Eltern haben der Weitergabe von Informationen zugestimmt. Das Erfolgsprotokoll darf zwecks Vergleichsmöglichkeiten oder statistischer Auswertungen nur anderen Personen gezeigt werden, wenn zuvor die Namen der teilnehmenden Kinder unkenntlich gemacht wurden.
Abschließend sei darauf hingewiesen, dass der Austausch von Informationen über das jeweilige Kind mit den Eltern behutsam vonstatten gehen muss – für die meisten Betreuer eine Selbstverständlichkeit.
Eltern identifizieren sich mit ihrem Kind und reagieren oft empfindsam oder betroffen, wenn „Unzulänglichkeiten“ ihres Kindes angesprochen werden.
Viel Taktgefühl ist hier vonnöten. Als Grundregel sollte immer gelten, ein Gespräch mit den positiven Aspekten zu beginnen und die Eltern nicht in Hilflosigkeit zurückzulassen. Sie müssen stattdessen in der Annahme bestärkt werden, dass sie einen wichtigen Beitrag dabei leisten können, gemeinsam mit anderen Betreuern, ihrem Kind den Weg zu einem erfolgreichen Schulstart zu erleichtern.

4.4 Zum Arbeiten mit den Erfolgsprotokollen

Die Namen der teilnehmenden Kinder und ihr Alter werden im Tabellenkopf eingetragen. Für die Altersangabe reicht ein quartalsmäßiges Intervall (z.B. 5 1/4, 5 1/2, 6 Jahre ...). In der jeweiligen Spalte kann dann ein Minuszeichen (-) oder ein Fragezeichen (?) Aufschluss darüber geben, ob das entsprechende Kind Auffälligkeiten bei einer bestimmten Übung zeigte oder ob eine zusätzliche Beobachtung – z.B. in der Einzelförderung – angebracht ist. Unter Auffälligkeiten sind Schwächen oder Schwierigkeiten zu verstehen, die das Kind zeigte.
Ein Plus (+) bedeutet, dass in dem getesteten Bereich alles in Ordnung ist und ein Doppelplus (++) soll Kindern vorbehalten bleiben, die bei der entsprechenden Übung eine herausragende Leistung präsentierten.

Unter der Tabelle findet der Erwachsene Platz, um Beobachtungen festzuhalten.
Anschließend werden die Ergebnisse des Erfolgsprotokolls an der entsprechenden Stelle des Entwicklungsprofils zusammengefasst (siehe 6.).

5. Gedanken über die Persönlichkeit des Kindes

5.1 Fragebogen zur subjektiven Einschätzung der kindlichen Persönlichkeit (SEP)

Das dem Buch zugrunde liegende Konzept ist das einer ganzheitlichen Förderung.
Es geht nicht darum, an einzelnen Schwächen der Kinder herumzufeilen, sondern um eine die ganze kindliche Persönlichkeit im Auge behaltende Vorgehensweise.
Von daher ist es nur folgerichtig, sich als Ausgangsbasis für ein diagnostisches und entwicklungsförderndes Herangehen einen Überblick darüber zu verschaffen, wie man die Persönlichkeit der Kinder einschätzt und wie sie sich selbst sehen.
Der Fragebogen zur subjektiven Einschätzung der kindlichen Persönlichkeit (SEP) kann dabei hilfreich sein.
Viele der 18 Eigenschaftspaare erfassen entwicklungsrelevante Persönlichkeitsmerkmale, wie z.B. Flexibilität („kann sich gut auf neue Situationen einstellen"), Neugierverhalten, Gefühlsstabilität („nicht aus der Ruhe zu bringen") und Eigensteuerung („kann auch eigene Wünsche zurückstellen"). Es lohnt sich, ein paar Minuten Zeit zu investieren, um über jedes Kind nachzudenken.
Interessantes tritt auch zutage, wenn die Kinder gebeten werden, sich mit Hilfe des Fragebogens selbst einzuschätzen.
Stimmen die beiden übereinander liegenden Profile in etwa überein?
In der Regel ist beim Kind mit einer Tendenz zu rechnen, negativ besetzte Eigenschaften zu meiden und sich den eigenen Wunschvorstellungen entsprechend zu beurteilen.
Auch die Einschätzung des Kindes durch andere Bezugspersonen kann mit eingetragen werden.
Im Gegensatz zu anderen Persönlichkeitstests dient dieser Fragebogen nicht dazu, mittels quantitativer Auswertung die Kinder in Kategorien kindlicher Persönlichkeitstypen einzuordnen, sondern er soll uns lediglich unseren Schützlingen näher bringen.
Dennoch lassen sich mit Hilfe dieses Instrumentes wertvolle Informationen gewinnen, z.B.:

- Wie gut kenne ich die Kinder?
- Fällt es schwer, Aussagen über das jeweilige Kind zu treffen?
- Inwieweit stimmt meine Einschätzung mit der der Kinder überein?
- Schätzen die verschiedenen Bezugspersonen das jeweilige Kind ähnlich ein?
- Wie selbstkritisch sind die Kinder?
- Deuten extreme Zickzacklinien auf eine sehr ausgeprägte Persönlichkeit hin oder liegen die meisten Kreuze eher im Mittelfeld bzw. Außenbereich (in der Spalte „stimmt beides nicht")?
- Zeigt ein Kind mit extrem negativer Selbsteinschätzung Minderwertigkeitsgefühle?

Es dürfte auch interessant sein, die Persönlichkeitsprofile nach Abschluss des Förderprogramms noch einmal zur Hand zu nehmen und selbstkritisch zu überdenken, ob sich an der Einschätzung des jeweiligen Kindes etwas geändert hat. Vielleicht sieht man jetzt manches mit anderen Augen?

5.2 Hinweise zur Durchführung

Der Fragebogennutzer muss sich zwischen den in jeder Zeile enthaltenen gegensätzlichen Eigenschaftspaaren entscheiden.
Trifft keine der beiden Eigenschaften auf das Kind zu, besteht die Möglichkeit, die Spalte rechts außen zu verwenden.
Kommen dagegen beide Eigenschaften in Betracht, kann man das Feld in der Mitte mit einem Kreuz markieren.
Sind auf den entsprechenden Feldern schließlich alle Kreuze verteilt, werden diese mit Hilfe eines

Lineals miteinander verbunden. Es entsteht ein Polaritätsprofil, das einen schnellen Überblick über die gewählten Eigenschaften gewährt.
Nun wird das Kind gebeten, sich einzuschätzen.

5.3 Ein Vorschlag für die Vorgehensweise

Erwachsener: „Ich möchte gern ein Spiel mit dir spielen. Dabei werde ich dir Wörter vorlesen und du sollst mir sagen, welches von beiden eher auf dich zutrifft.
Ein Beispiel: Bist du eher geduldig oder ungeduldig?"
Kind: „Geduldig."
Erwachsener: „Bist du fast immer geduldig oder oft?"
Kind: „Oft."
Erwachsener: „Gut, dann zeichne ich jetzt an dieser Stelle ein rotes Kreuz. So geht es dann immer weiter. Wenn wir unten angekommen sind, darfst du die roten Kreuze miteinander verbinden. Dann sehen wir, was für eine lustige Zickzacklinie entstanden ist und ich habe gleichzeitig etwas über dich gelernt."

Fragebogen zur subjektiven Einschätzung der kindlichen Persönlichkeit (SEP)

Name und Alter des Kindes: Lena, 5 1/2

Es stimmt:	(fast) immer	oft	beides	oft	(fast) immer		keines von beiden
geduldig						ungeduldig	
wenig interessiert an neuen Dingen und Ereignissen						neugierig, interessiert an allem	
konzentriert, aufmerksam						leicht ablenkbar, unaufmerksam	
unselbständig						selbständig	
teilt gern Spielzeug und Süßes mit Freunden						behält Spielzeug und Süßes nur für sich	
Streit wird mit körperlicher Gewalt ausgetragen						Streit wird mit Worten ausgetragen	
fleißig						bequem	
bestimmend						unterordnend	
laut, lebhaft						still, zurückhaltend	
kann sich gut auf neue Situationen einstellen						kann sich nicht gut auf neue Situationen einstellen	
handelt unüberlegt, entscheidet voreilig						handelt und entscheidet durchdacht	
ordentlich						unordentlich	
ängstlich, zaghaft						mutig	
beliebt						wenig beliebt	
willensstark, eigensinnig						kann eigene Wünsche auch zurückstellen	
leicht erregbar						nicht aus der Ruhe zu bringen	
kontaktscheu						kontaktfreudig	
einfühlsam, mitfühlend						mehr an der eigenen Person interessiert	

x Lena x Erzieherin

Fragebogen zur subjektiven Einschätzung der kindlichen Persönlichkeit (SEP)

Name und Alter des Kindes: ______________________________

Es stimmt:	(fast) immer	oft	beides	oft	(fast) immer		keines von beiden
geduldig						ungeduldig	
wenig interessiert an neuen Dingen und Ereignissen						neugierig, interessiert an allem	
konzentriert, aufmerksam						leicht ablenkbar, unaufmerksam	
unselbständig						selbständig	
teilt gern Spielzeug und Süßes mit Freunden						behält Spielzeug und Süßes nur für sich	
Streit wird mit körperlicher Gewalt ausgetragen						Streit wird mit Worten ausgetragen	
fleißig						bequem	
bestimmend						unterordnend	
laut, lebhaft						still, zurückhaltend	
kann sich gut auf neue Situationen einstellen						kann sich nicht gut auf neue Situationen einstellen	
handelt unüberlegt, entscheidet voreilig						handelt und entscheidet durchdacht	
ordentlich						unordentlich	
ängstlich, zaghaft						mutig	
beliebt						wenig beliebt	
willensstark, eigensinnig						kann eigene Wünsche auch zurückstellen	
leicht erregbar						nicht aus der Ruhe zu bringen	
kontaktscheu						kontaktfreudig	
einfühlsam, mitfühlend						mehr an der eigenen Person interessiert	

© 2004 verlag modernes lernen – Dortmund • aus: Maaß, Bestell-Nr. 1226

Die 20 Übungseinheiten des Förderprogramms

1. Einführungsstunde (Basisübungen)

Material

- Illustrationen auf den nächsten Seiten (Astronaut, Ohrenwesen und Mutschango)
- Astronautenausweise (siehe Kopiervorlage)
- Stempel (z.B. mit einem lustigen Kindermotiv)
- Bunt- oder Filzstifte
- aufgeblasene Luftballons (mindestens ein Luftballon für jedes Kind)
- Instrumentalmusik (Kassette oder CD)

Zusammenfassung

Die Kinder werden mit dem Planeten der Ohrenwesen bekannt gemacht. Sie erfahren etwas über die Bewohner – Ohris und Mutschangos – und sehen Abbildungen von ihnen. Der Erwachsene versucht, die Kinder für dieses Thema zu begeistern und stellt ihnen einen „Weltraumflug zu dem Planeten der Ohrenwesen und Mutschangos" in Aussicht, allerdings erst am Ende eines Trainingsprogramms, wenn die Kinder fit sind für dieses Abenteuer.
Sie erhalten einen Astronautenausweis, in dem später alle durchgeführten Übungen angekreuzt werden und zum Schluss spielen die Kinder „Schwerelosigkeit".

Vorschlag für die Vorgehensweise

1. Bekannt machen mit dem Thema „Weltraumflug zum Planeten der Ohrenwesen"

„Habt ihr schon mal etwas vom Planeten der Ohrenwesen gehört? Nein? Das wundert mich nicht, er ist auch auf fast keiner Weltallkarte verzeichnet, obwohl er sich in unserem Sonnensystem befindet. Zugegeben, er ist auch sehr klein. Und es ist da immer ziemlich dunkel.
Deshalb mussten sich die dort lebenden Wesen auch an die Dunkelheit anpassen. Sie sehen übrigens, bis auf ihre riesigen Ohren, so ähnlich wie wir Menschen aus.
Wisst ihr, wie ihnen das Anpassen an die Dunkelheit gelungen ist?
Sie können besonders gut hören – mit ihren riesigen Ohren.
Hier seht ihr ein Bild von einem Ohrenwesen, auch Ohri genannt (Abbildung vom Ohrenwesen zeigen).
Habt ihr Lust auf einen Weltraumflug zum Planeten der Ohrenwesen?
Aber ihr wisst ja, Astronauten müssen sich sehr gut auf ihren Weltraumflug vorbereiten, um dort oben überleben zu können (Astronautenbild zeigen).
Das müssen wir auch tun. Wir werden also in einer Art Astronautenschule sein.
Unseren Körper trainieren wir mit sportlichen Übungen. Außerdem üben wir den Umgang mit der Schwerelosigkeit und andere Sachen. Und schließlich kommt etwas ganz Wichtiges: Wir trainieren unsere Ohren, damit wir uns genauso gut wie die Ohris auf ihrem Planeten zurechtfinden.
Ach, fast hätte ich es vergessen. Schaut euch mal dieses Bild an (Mutschangobild zeigen).
Die größten Feinde der Ohrenwesen sind die Mutschangos. Die sind sehr schlau und sehr verfressen. Wenn die Ohris nicht aufpassen, fressen ihnen die Mutschangos alles weg. Und ich rede nicht nur von Lebensmitteln.
Sie fressen Uhren, Bleistifte, Besteck, Geschirr – alles, was sie kriegen können.
Die Ohrenwesen hören aber zum Glück oft, wenn die Mutschangos sich heranschleichen. Dieses gute Hören werden wir bald üben.
Jetzt bekommt ihr erst mal alle einen Astronautenausweis.
Darin werden die Übungen angekreuzt, die wir schon geschafft haben, schließlich müssen wir ja prüfen, ob ihr alle weltraumtauglich seid."

2. Astronautenausweise

Die Kinder erhalten einen „Astronautenausweis“ und sie dürfen ihr Passbild in den Ausweis hineinmalen.
Anschließend wird das Passbild abgestempelt.

3. Schwerelosigkeit spielen

„Mit Schwerelosigkeit ist gemeint, kein Gewicht zu haben, ganz leicht zu sein. Warum man im Weltraum schwerelos ist, werdet ihr bald erfahren. Stellt euch für heute erst einmal vor, ihr würdet noch viel leichter als im Wasser sein.“
Instrumentalmusik erklingt und die Kinder spielen „Schwerelosigkeit“, indem sie die Luftballons in Zeitlupe werfen und fangen, mit Riesenschritten tanzen, in Zeitlupe aufeinander zulaufen und sich schwerfällig umarmen ...

© 2004 verlag modernes lernen – Dortmund • aus: Maaß, Bestell-Nr. 1226

© 2004 verlag modernes lernen – Dortmund • aus: Maaß, Bestell-Nr. 1226

© 2004 verlag modernes lernen – Dortmund • aus: Maaß, Bestell-Nr. 1226

2. Hören wie die Ohrenwesen (Basisübungen zur auditiven Wahrnehmung)

Material

- Astronautenausweise
- Gegenstände, die Geräusche erzeugen (z.B. klingelnder Wecker, raschelndes Papier, Glöckchen...)
- Orff-Instrumente, wenn vorhanden (z.B. Klanghölzer, Triangel...)
- 6 kleine Fotorollenbehälter oder Ähnliches, je zwei davon mit denselben Materialien gefüllt (Reiskörner, Glasmurmeln, größere Schrauben)
- zwei kleine Schachteln für die Fotorollenbehälter
- Tuch zum Verbinden der Augen
- Erfolgsprotokoll
- Malstifte
- Zeichenblätter
- Stühle

Zusammenfassung

Mit dem Ziel, bald so gut wie ein Ohrenwesen hören zu können, werden verschiedene Spiele zur Hörerziehung durchgeführt und zum Schluss mit den Kindern in den Astronautenausweisen angekreuzt.

Wissensvermittlung

Hören – was ist das und wie funktioniert es?

Vorgehensweise

Die Vorgehensweise ergibt sich aus der Durchführung der einzelnen Spiele (siehe Hinweise zu den Einzelaufgaben).

Da Vorschulkinder erfahrungsgemäß schnell unruhig werden, wenn sie über längere Zeit still sein und still sitzen sollen, ist situationsabhängig zu überlegen, ob Bewegungspausen eingeräumt oder ob die Übungen auf mehrere Zeitpunkte verteilt werden müssen.

Einleitung

„Wir alle haben Sinnesorgane, mit denen wir die Welt entdecken: die Ohren, die Augen, die Nase, die Zunge und die Haut. Heute wollen wir unsere Ohren trainieren, daher möchte ich euch kurz etwas über eure Ohren erzählen.

Die Ohren leiten Töne, also alles, was ihr hört, zum Gehirn weiter. Das Gehirn nimmt dann die Töne wahr und entscheidet, woher sie kommen und was sie bedeuten.

Töne kann man nicht sehen. Sie sind Schwingungen, die sich in der Luft ausbreiten. Man nennt das Schallwellen."

Zur Veranschaulichung kann der Erwachsene den Kindern eine Gitarre oder einen einfachen straff gespannten Gummi zeigen und ein Kind daran zupfen lassen.

„Seht ihr, die Saite (der Gummi) schwingt und man hört einen Ton. Diese Schallwellen bringen das Trommelfell – das ist ein dünnes Häutchen in unserem Ohr – zum Schwingen. Von dort aus werden sie dann innerhalb des Ohres zu einer so genannten Schneckenröhre, die mit Flüssigkeit gefüllt ist, geschickt. Dort werden die Töne in Nervensignale umgewandelt und zum Gehirn weitergeleitet. Unsere Ohren sind übrigens auch für unser Gleichgewicht verantwortlich.

Hinweise zu den Einzelaufgaben

1. Geräuscheschütteln
In einer Schachtel befinden sich drei Fotorollenbehälter, die mit unterschiedlichen Materialien gefüllt sind (Reiskörner, Glasmurmel, größere Schrauben). In einer zweiten Schachtel sind ebenfalls drei mit Reiskörnern, einer Glasmurmel und Schrauben gefüllte Fotorollenbehälter. Die Kinder versuchen nacheinander aufgrund der Geräusche ein Rollenpaar zu finden, das denselben Inhalt enthält.
Beobachtungshinweise
Findet das Kind spätestens nach mehreren Schüttelversuchen ein „Geräuschepaar"?

2. Mutschangosprache
Der Erwachsene liest der Reihe nach jedem Kind ein Paar sinnloser Wörter („Mutschangosprache") vor und das jeweilige Kind soll entscheiden, ob die beiden Wörter gleich oder nur ähnlich klingen. Die Wörterliste kann jederzeit mit eigenen Erfindungen erweitert werden, denn jedem Kind sollten mindestens drei Wortpaare vorgesprochen werden.
- Laguu – Laguu
- Manba – Manda
- Keltora – Keltara
- Nido – Bido
- Kaarame-Taarame
- Herbok – Kerbok
- Linua – Linua ...

Beobachtungshinweise
Bei einem Fehler sollte das Wortpaar deutlich wiederholt werden. Wenn das Kind die Gleichheit oder Unterschiedlichkeit heraushören kann, ist die Aufgabe gelöst.

3. Wo ist der Mutschango?
Die Kinder sitzen im Kreis und erhalten ein Orff-Instrument oder einen anderen Gegenstand, der Geräusche produzieren kann. Einem Kind werden die Augen verbunden. Alle übrigen Kinder tauschen die Plätze und spielen auf ihren Instrumenten oder machen andere Geräusche. Ein Kind legt sein Instrument beiseite und zischt laut wie eine Schlange (Mutschango). Das Kind mit den verbundenen Augen zeigt in die Richtung des vermuteten Mutschangos oder ruft „Stopp!".
Beobachtungshinweise
Mehrere Versuche sind erlaubt. Wenn das Kind das Zischen heraushören kann, ist die Aufgabe gelöst.

4. Geräuscheraten
Der Erwachsene führt bekannte Geräusche vor (z.B. Weckerklingeln, Papierrascheln, Zungenschnalzen, Stampfen...). Die Kinder sollen ihm dabei zusehen können. Dann befindet sich der Erwachsene hinter dem Rücken der vor ihm sitzenden Kinder und wiederholt eines der Geräusche.
Beobachtungshinweise
Die Kinder versuchen, es zu identifizieren, ohne die Vermutung laut zu verraten. Stattdessen flüstern sie sie dem Erwachsenen ins Ohr, so dass dieser einen guten Überblick darüber hat, inwieweit jedes Kind zur richtigen Geräuscherkennung fähig ist.

5. Ein Mutschango schleicht heran
Die Kinder sitzen mit dem Erwachsenen im Kreis. Ein Kind legt den Kopf auf den Schoß des Erwachsenen und schließt die Augen. Der Erwachsene winkt mit dem Finger einem anderen Kind zu, welches nun in der Rolle eines Mutschangos heranschleicht. Sobald das Kind, welches raten muss, ein Geräusch hört, ruft es „Stopp!" und zeigt dann – immer noch mit geschlossenen Augen – in die Rich-

tung, in der es den Mutschango vermutet. Hat es sich geirrt, darf es noch zwei weitere Male raten. Danach ist das nächste Kind an der Reihe.

Beobachtungshinweise

Die Aufgabe gilt als gelöst, wenn es dem Kind gelingt, die Richtung korrekt zu bestimmen, aus der das Geräusch zu hören war.

6. Anfang und Ende

Die Kinder sitzen in einer Reihe vor dem Kind, das mit verbundenen Augen gleich feststellen soll, welches der fünf Geräusche zuerst und welches zum Schluss zu hören war.

Der Erwachsene „dirigiert" – zeigt mit dem Finger jeweils auf das Kind, welches ein Geräusch produzieren soll. Es können Orff-Instrumente oder andere Geräuschquellen verwendet werden.

Beobachtungshinweise

Mehrere Versuche sind erlaubt. Gelingt es dem Kind, die zeitliche Reihenfolge (Anfang und Ende) richtig zu bestimmen?

7. Geräuschgeschichte

Der Erwachsene sagt den Kindern, dass er gleich eine seltsame Geschichte erzählen wird. Seltsam deshalb, weil keine Wörter darin vorkommen, sondern nur Geräusche, die es zu merken gilt. Dabei steht der Erwachsene hinter dem Rücken der Kinder.

Geräusche:
- ding, ding, ding (z.B. Essensglocke)
- Papierrascheln
- Zischen einer Schlange oder eines Mutschangos
- Klopfen an der Fensterscheibe

Beobachtungshinweise

Um zu erkennen, ob sich die Kinder die Geräusche gemerkt haben, werden sie gebeten, nach dem letzten Geräusch auf ein Blatt zu zeichnen, was sie gehört haben. Kinder, die dabei Schwierigkeiten haben, können dem Erwachsenen die Antworten auch ins Ohr flüstern.

Anschließend erfolgt eine weitere „Geschichte", die nun aus fünf bekannten Geräuschen besteht (z.B. Klopfen an der Tür, Türklinke geräuschvoll drücken, Pfeifen, Triangel, umfallender Stuhl).

Wer hat sich mindestens drei Geräusche gemerkt?

8. Abschließendes Spiel:
Stuhltanz (wie Reise nach Jerusalem)

Stühle werde mit den Lehnen aneinander gestellt (für ein Kind gibt es keinen Stuhl): Die Kinder hüpfen oder laufen nach Musik um die Stühle herum, wobei kein Stuhl berührt werden darf. Verklingt die Musik, muss sich jedes Kind schnell auf einen Stuhl setzen. Wer keinen Stuhl ergattern konnte, verlässt den Kreis für eine Aussetzrunde. Dabei nimmt es einen Stuhl mit und wartet, bis das nächste Kind, das keinen Stuhl fand, mit ihm tauscht.

Beobachtungshinweise

Hier gehen die Bereiche auditive Aufmerksamkeit, Bewegungsschnelligkeit und Reaktionsschnelligkeit ineinander über. Ein Kind, dem es nie gelingt, einen Stuhl zu besetzen, muss daher nicht zwangsläufig Probleme im Bereich der auditiven Aufmerksamkeit haben. Andererseits kann ein Kind, das sonst im auditiven Bereich sehr unaufmerksam ist, in diesem Spiel als Sieger hervorgehen, wenn es sich um ein sehr sportliches Kind handelt.

Daran sieht man, dass das Spiel nur einen Teil der auditiven Aufmerksamkeit prüft. Es geht hier mehr um den Spaß als um eine diagnostische Auswertung.

Ankreuzen der durchgeführten Übungen in den Astronautenausweisen

Erfolgsprotokoll für die Aufgaben der auditiven Wahrnehmung

		Name und Alter der teilnehmenden Kinder						
Nr.	**Spiel oder Übung**							**getesteter Bereich**
1	Geräuscheschütteln							auditive (nonverbale) Diskrimination
2	Mutschangosprache							auditive (verbale) Diskrimination
3	Wo ist der Mutschango?							auditive Figur-Grund-Wahrnehmung
4	Geräuscheraten							Geräusch-identifikation
5	Ein Mutschango schleicht heran							auditive Lokalisation im Raum
6	Anfang und Ende							auditive Lokalisation in der Zeit
7	Geräuschgeschichte							auditives Gedächtnis
8	Stuhltanz							ein Teil der auditiven Aufmerksamkeit

Beobachtungen: ____

____

____

____

____

____

____

____

____

____

____

____

____

____

❑ **Kein Kind zeigt im Bereich der auditiven Wahrnehmung Auffälligkeiten.**

© 2004 verlag modernes lernen – Dortmund • aus: Maaß, Bestell-Nr. 1226

❑ **Folgende Kinder zeigen im Bereich der auditiven Wahrnehmung leichte Auffälligkeiten, die eine gezielte Beobachtung empfehlenswert machen:** ______________________________

____

____

____

____

❑ **Folgende Kinder zeigen im Bereich der auditiven Wahrnehmung Auffälligkeiten:** ______

____

____

____

Daher sind nachfolgende Fördermaßnahmen angebracht: ______________________________

____

____

____

____

____

____

____

____

____

____

____

❑ **Folgende Kinder zeigen im Bereich der auditiven Wahrnehmung Begabungen, die es zu fördern gilt:** ____

____

____

____

____

____

____

© 2004 verlag modernes lernen – Dortmund • aus: Maaß, Bestell-Nr. 1226

Beispiele für Fördermaßnahmen im Bereich der auditiven Wahrnehmung

- Kinder, die in diesem Bereich besonders begabt erscheinen, können beispielsweise gefördert werden, indem sie Zugang zu einem Musikinstrument finden.
  Man kann ihr Gehör weiter schulen, wenn man die vorgestellten Übungen erschwert oder modifiziert. Sie können sich auch als „Hörlehrer“ engagieren und mit anderen Kindern Spiele und Übungen zur auditiven Wahrnehmung durchführen.
- Kinder mit Auffälligkeiten sollten von ihren Eltern einem HNO-Arzt vorgestellt werden, damit dieser abklärt, ob das Hörorgan beeinträchtigt ist. Wenn dies nicht der Fall ist, bietet es sich an, Spiele zur auditiven Wahrnehmung in der Art, wie sie hier vorgestellt wurden, durchzuführen. Dabei müssten vor allem Spiele Vorrang haben, die den beeinträchtigten Bereich schulen. Besonderes Augenmerk sollte Schwierigkeiten gelten, die die auditive Lokalisation im Raum (Straßenverkehr) oder Figur-Grund-Wahrnehmung betreffen. Letzteres Problem ist eng mit der Aufmerksamkeit verbunden und kann zu weitreichenden Schwierigkeiten im sozialen Bereich und beim Lernen führen.
  Beispiel für eine Übung zur Figur-Grund-Wahrnehmung:
  „Alle Kinder sind Tiere und machen die entsprechenden Geräusche. Du sollst mit verbundenen Augen heraushören, wie oft der Hahn kräht.“

3. Augen auf! (Basisübungen zur visuellen Wahrnehmung)

Material

- Astronautenausweise
- Erfolgsprotokoll
- Abbildungen geometrischer Formen (siehe Buch)
- für jedes Kind die Arbeitsblätter zur visuellen Wahrnehmung (siehe Kopiervorlagen **3-1** bis **3-5** und **3-7**)
- ein Blatt mit Bildsymbolen für Übung 7 (siehe Kopiervorlage **3-6**)
- Malstifte (darunter mehrere gelbe Stifte)
- Decke, Matte oder Ähnliches als „Ausruhplatz"

Zusammenfassung

Jedes Kind erhält sechs Arbeitsblätter, mit deren Hilfe in spielerischer Art und Weise verschiedene Bereiche der visuellen Wahrnehmung überprüft werden können. Die durchgeführten Übungen werden wieder gemeinsam mit den Kindern in den Astronautenausweisen angekreuzt.

Wissensvermittlung

Die Kinder erfahren Wissenswertes über die Augen und über den Vorgang des Sehens.

Vorgehensweise

Die Vorgehensweise ergibt sich aus den Hinweisen zu den Einzelaufgaben (siehe unten). Es empfiehlt sich, die sechs Arbeitsblätter für jedes Kind zusammenzuheften.

Einleitung

„Beim letzten Mal haben wir etwas über unsere Ohren gelernt und sie trainiert. Heute geht es um unsere Augen. Sie helfen uns, wie kaum ein anderes Sinnesorgan, die Welt zu entdecken. Die Augen funktionieren ähnlich wie ein Fotoapparat. Ein Auge ist fast so rund wie ein Ball – ein Rundkörper, der in einer knöchernen Augenhöhle sitzt. Das, was wir vom Auge sehen, ist also nur ein kleiner Teil von ihm. Augenlider schützen unsere Augen. Die Lider verteilen auch Tränenflüssigkeit auf ihnen, um sie zu befeuchten und zu säubern. Mit dem Auge werden Bilder verkehrt herum aufgenommen und vom Sehnerv ans Gehirn geschickt. Dort angekommen, wird das Bild wieder umgedreht."

Hinweise zu den Einzelaufgaben

1. Raketenstart

Die Kinder haben das Arbeitsblatt **3-1** vor sich zu liegen.

„Hier startet gleich eine Rakete. Sie hat viele Fenster. Manche sind rund wie ein Kreis, andere sehen anders aus, zum Beispiel wie ein Ei."

Der Erwachsene zeigt zur Demonstration die Abbildungen (im Buch) von einem Kreis und von einem Oval.

„Ihr sollt jetzt die Umrisse der Fenster nachzeichnen, die aussehen wie ein Kreis, aber nur diese."

Wenn die Kinder damit fertig sind, geht es weiter.

„Im Hintergrund stehen Häuser. Manche Häuser haben die Form eines Quadrates (Abbildung des Quadrates zeigen), andere sehen aus wie ein Rechteck (Abbildung des Rechteckes zeigen).

„Zeichnet nun die Umrisse der Häuser nach, die wie ein Quadrat aussehen, aber auch wieder nur diese."

Beobachtungshinweise

Die Kinder sollten die einzelnen Formen trotz unterschiedlicher Hintergründe oder Verzierungen erkennen können. Hat ein Kind hierbei Probleme, muss abgeklärt werden, ob das Kind nur aufgrund mangelnder Aufmerksamkeit die Aufgabe nicht verstanden hat oder ob auch bei einer ähnlichen Übung die gleichen Schwierigkeiten auftreten.

Noch relativ einfach ist es, die runden Formen von ovalen Formen zu unterscheiden. Schwieriger wird es bei den Quadraten und Rechtecken. Wenn hier ein oder zwei Fehler auftreten, gilt die Aufgabe insgesamt dennoch als gelöst.

2. Verkehrt herum

Die Kinder erhalten das zweite Arbeitsblatt (**3-2**), auf dem oben Monde und darunter Planeten aufgezeichnet sind.

„Hier oben sind fünf Monde. Einer sieht anders aus. Warum?"

Ein Kind soll die Frage laut beantworten.

„Jetzt malt bitte den anders aussehenden Mond aus und macht das Gleiche mit dem Planeten, der anders aussieht. Jedes Kind schaut nur auf sein eigenes Blatt."

Nun muss der Erwachsene gut aufpassen, ob jedes Kind diese Aufgabe selbständig ausführt.

Beobachtungshinweise

Die Übung gilt als gelöst, wenn der Mond und der Planet gefunden werden, die sich von den übrigen Abbildungen unterscheiden.

Da aufgrund der zeitlichen Begrenzung in den Übungen 2 und 3 nur jeweils zwei Aufgaben zur Verfügung stehen, ist es hier bei auftretenden Problemen besonders wichtig, zu berücksichtigen, dass das entsprechende Kind die Aufgabe möglicherweise nicht verstanden hat oder bei der Erklärung abgelenkt war. Um sicher zu gehen, dass tatsächlich ein Problem der visuellen Wahrnehmung vorliegt, sollte das Kind zu einem anderen Zeitpunkt die Möglichkeit erhalten, ähnliche Aufgaben zu lösen, ehe man zu einer Einschätzung gelangt.

3. Unterschiede

Zuerst muss sich der Erwachsene vergewissern, ob alle Kinder mit dem Begriff links etwas anfangen können.

„Zeigt mir die erste Rakete von links!

Links seht ihr also eine Rakete und darunter einen Astronautenhelm. Daneben sind vier weitere Raketen und Helme, aber nur jeweils ein Bild sieht genauso aus wie das erste Bild. Bei den anderen Bildern haben sich Fehler – Unterschiede – eingeschlichen.

Sucht jetzt das Bild, das genauso aussieht wie das erste und malt es aus."

Wieder werden die Kinder auch darauf hingewiesen, nicht abzugucken.

Beobachtungshinweise

Bei dieser Übung müssen die Kinder jenen Mond und Helm herausfinden, die dem Ausgangsbild entsprechen. Ansonsten gelten die gleichen Überlegungen zur Auswertung wie in Übung 2.

4. Punkte verbinden

„Unten sind Punkte zu sehen. Auf der linken Seite verbinden Linien einige der Punkte. Fahrt mit dem Finger die Strecke ab. Auf der rechten Seite sind nur Punkte ohne Linien. Ihr sollt jetzt die Punkte so verbinden, dass das Bild genauso aussieht wie das linke.

Beobachtungshinweise

Hier stehen den Kindern genügend Aufgaben zur Verfügung, um durch Übung besser zu werden. Außerdem ist die Aufforderung leicht zu verstehen. Spätestens bei dem Haus sollten die Kinder in der Lage sein, die richtigen Punkte zu verbinden. Auch wenn sie einen Fehler selbständig erkennen und korrigieren, gilt die Aufgabe als gelöst.

5. Wettkriechen der Mutschangobabys

Die Kinder haben das vierte Arbeitsblatt (**3-4**) vor sich zu liegen.

„Ihr seht hier oben ein Mutschangobaby, das gleich loskriechen will. Seine Kriechspur ist schon aufgemalt. Folgt mit den Augen seiner Spur und malt dort den Kreis aus, wo sie endet. Jetzt dürft ihr die Spur mit einem Stift nachziehen, um zu überprüfen, ob ihr den richtigen Punkt ausgemalt habt.

Darunter sind drei Mutschangobabys, die um die Wette kriechen wollen.

Nehmt jetzt einen Buntstift und malt das oberste Baby aus.

Folgt seiner Spur nur mit den Augen und malt wieder am Ende seiner Spur den kleinen Kreis in der gleichen Farbe an."

Mit den übrigen beiden Mutschangobabys wird ebenso verfahren, nur jeweils in einer anderen Farbe.

Beobachtungshinweise

Die Kinder sollten mit den Augen den entsprechenden Linien folgen können. Hat ein Kind dabei Schwierigkeiten, können auch Aufmerksamkeitsprobleme dafür verantwortlich sein. Mit ähnlichen Übungen oder auch mit Übung 6 wird man schnell feststellen können, ob ein Problem in der Figur-Grund-Wahrnehmung vorliegt.

6. Im Mutschangomagen

Jedes Kind hat das Arbeitsblatt **3-5** vor sich zu liegen.

„Hier hat sich ein Mutschango gerade satt gefressen: einen Wecker, eine Blume und einen Baustein hat er verspeist.

Darunter seht ihr, dass die verschlungenen Sachen in seinem Magen ineinander gerutscht sind. Könnt ihr sie noch erkennen? Dann nehmt einen Buntstift und malt die Umrisse – nur die Umrisse – des Weckers nach. Mit einer anderen Farbe malt ihr die Umrisse der Blume und schließlich in einer dritten Farbe die Umrisse des Bausteins nach."

Wenn alle Kinder fertig sind:

„Ein anderer Mutschango hat ein Ei, einen Hammer und eine Zahnbürste verschlungen. Könnt ihr sie ganz unten sehen? Zeichnet wieder nur die Umrisse nach."

Beobachtungshinweise

Die Umrisse der ineinander gerutschten Abbildungen müssen von den Kindern selbständig erkannt und nachgefahren werden, um die Aufgabe als gelöst zu betrachten. Auch wenn Kinder leicht von den Linien abweichen, gilt die Übung als gelöst, solange erkennbar ist, dass sie die Gestalt der Abbildung erkannt haben.

7. Wer kann Bilder nachzeichnen?

Die Seite mit den fünf untereinander angeordneten Bildsymbolen (**3-6**) wird vergrößert kopiert und dann wie eine Ziehharmonika so gefaltet, dass immer nur ein Bildchen zu sehen ist.

Der Erwachsene zeigt – für alle Kinder gut sichtbar – das erste Bildsymbol. Die Aufgabe der Kinder ist es, das Bild genau anzusehen (ca. 10 Sekunden). Dann versuchen sie, es auf ihrem Arbeitsblatt (**3-7**) in das erste Kästchen zu reproduzieren.

„Zeichnet das Bild aus dem Gedächtnis nach so gut ihr könnt."

Dann folgen die übrigen vier Bildsymbole, die den Kindern jeweils einzeln gezeigt werden und von ihnen nachgezeichnet werden.

Beobachtungshinweise

Es kommt bei der Bewertung nicht auf die Schönheit an, sondern darauf, ob das Kind die wesentlichen Merkmale wiedergegeben hat. Vier- bis sechsjährige Kinder haben oft Schwierigkeiten beim Reproduzieren von Linien bestimmter Neigungswinkel. Da es sich bei dieser Übung aber um vertikale und horizontale Linienführungen handelt, sollten die Kinder in der Lage sein, die wesentlichen Merkmale wiederzugeben.

8. Strecken zeichnen
Die Kinder zeichnen mit einem Stift drei Strecken ein (von den Ohrenwesen zu deren Behausung). Der erste und breiteste Weg dient als Demonstration. Die beiden übrigen Strecken zeichnen die Kinder selbständig ein und versuchen, nicht die Begrenzungslinien zu berühren.
„Das Ohrenwesen will nach Hause. Damit es sich nicht verläuft, darf es nicht vom Weg abkommen. Zeichnet seine Strecke mit einem Stift, ohne ihn abzuheben, nach. Die Strecke geht vom Ohrenwesen bis zu seiner Behausung. Berührt nicht die Wegabgrenzung, dort lauern Mutschangos."
Beobachtungshinweise
Die Aufgabe gilt als gelöst, wenn das Kind ohne Abheben des Stiftes innerhalb der Linien bleibt oder sie berührt, ohne sie mit dem Stift zu übertreten.

9. Abschließendes Spiel:
Farbentanzen
Um zu testen, ob alle Kinder Farben unterscheiden können, werden sie vor Spielbeginn kurz über Farben in ihrer Kleidung befragt.
Dann erklingt Musik und alle Kinder hüpfen, tanzen oder laufen im Kreis um einen „Ausruhplatz" (z.B. eine Matte, ein Teppichläufer, eine Decke oder Ähnliches). Der Erwachsene stoppt die Musik und nennt laut eine Farbe. Sofort müssen sich die Kinder, in deren Kleidung diese Farbe enthalten ist, auf den Ausruhplatz begeben und bis zum nächsten Musikstopp warten, um von anderen Kindern abgelöst zu werden.
Beobachtungshinweise
Jedes Kind sollte zumindest die Farben rot, gelb, grün und blau sowie schwarz und weiß voneinander unterscheiden können.

Ankreuzen der durchgeführten Übungen in den Astronautenausweisen

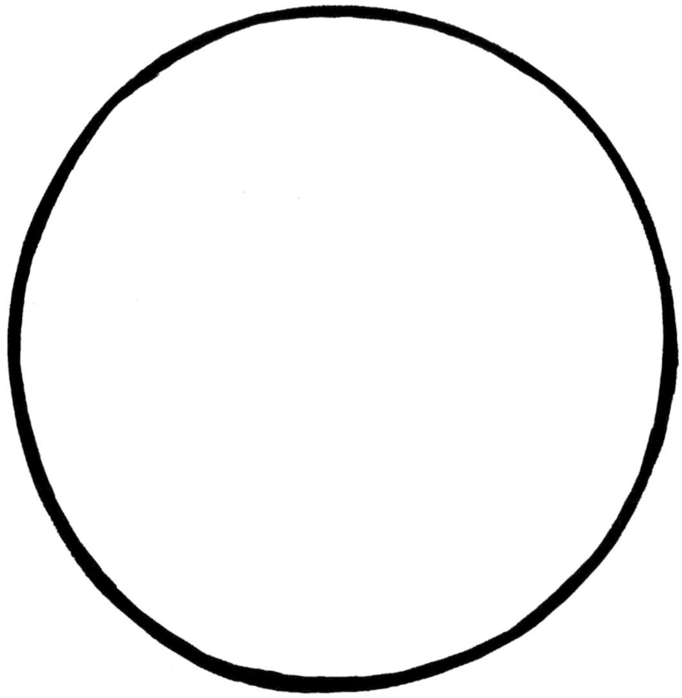

© 2004 verlag modernes lernen – Dortmund • aus: Maaß, Bestell-Nr. 1226

© 2004 verlag modernes lernen – Dortmund • aus: Maaß, Bestell-Nr. 1226

3 – 1

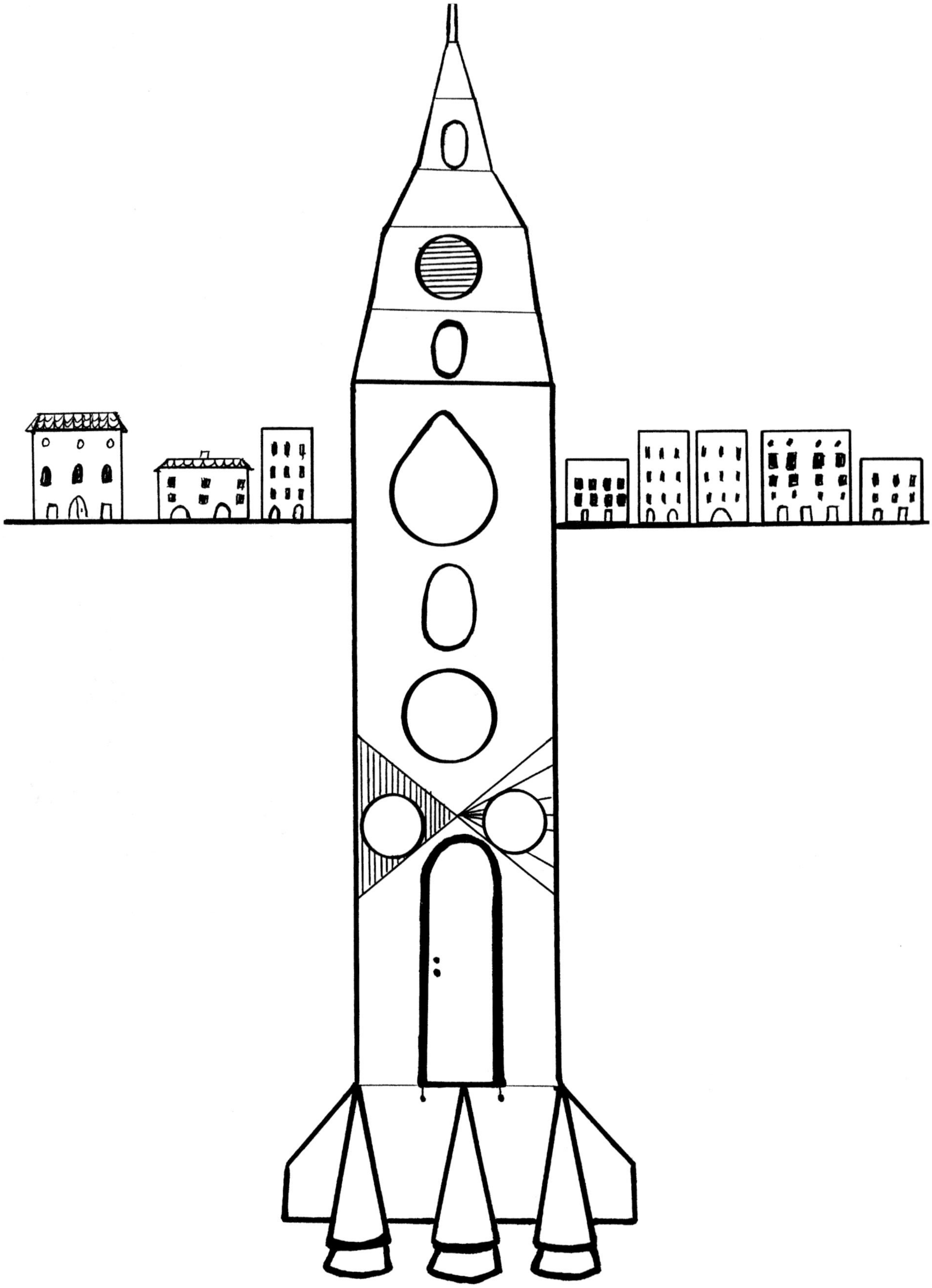

© 2004 verlag modernes lernen – Dortmund • aus: Maaß, Bestell-Nr. 1226

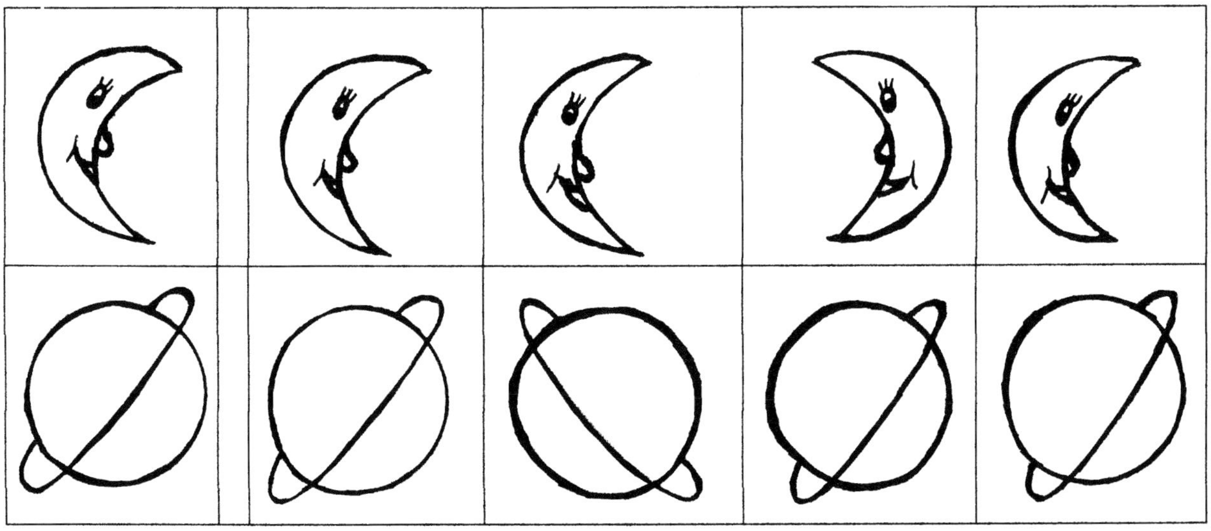

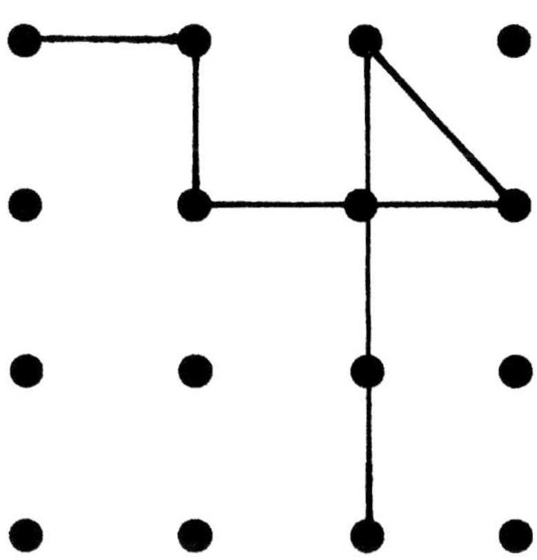

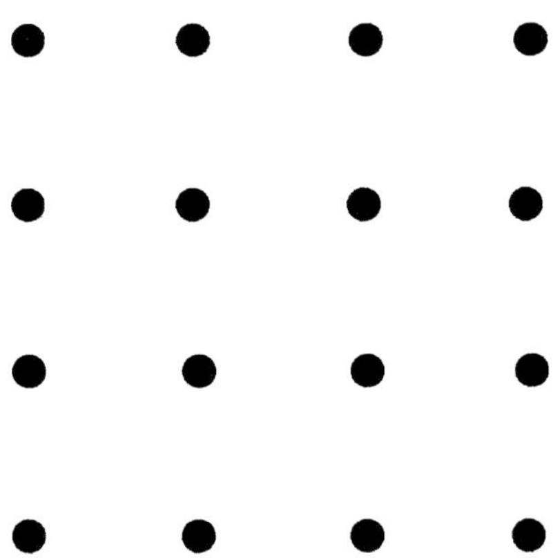

© 2004 verlag modernes lernen – Dortmund • aus: Maaß, Bestell-Nr. 1226

3 – 3

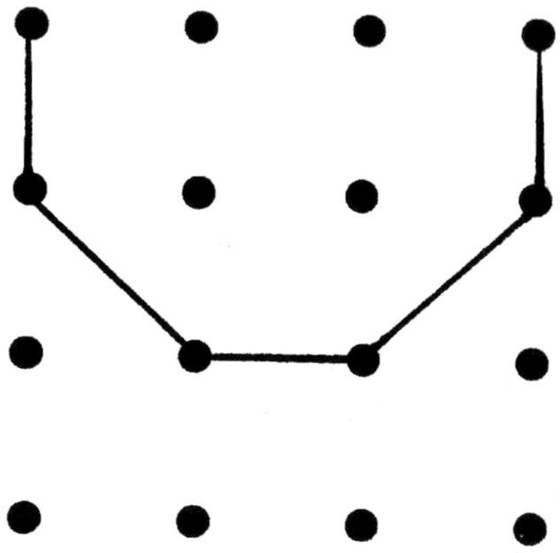

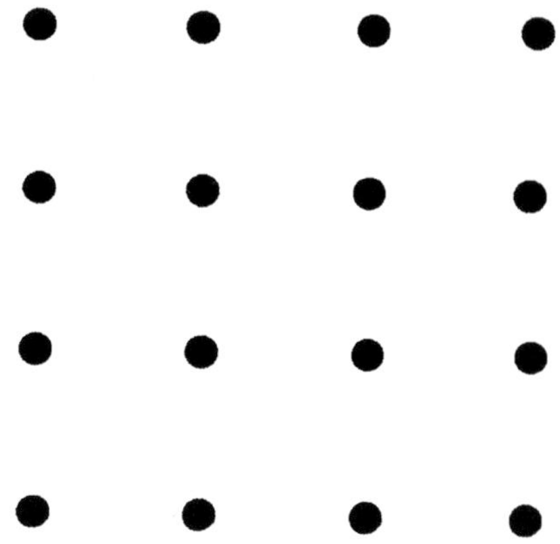

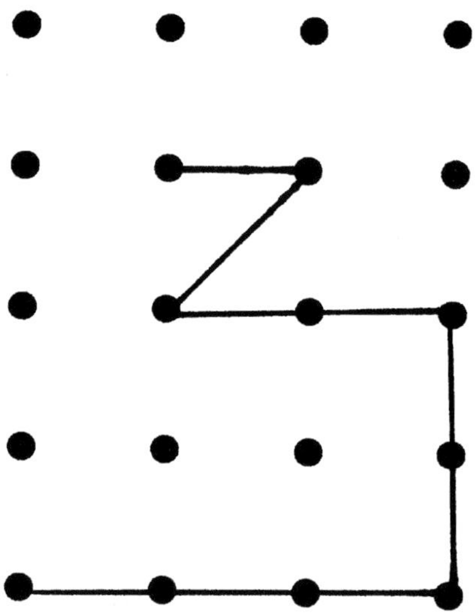

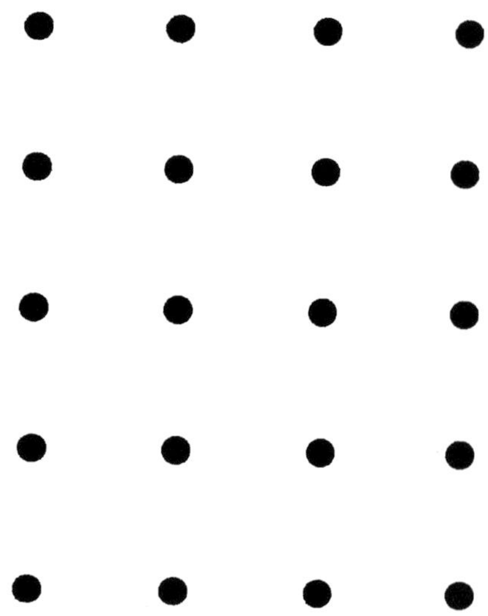

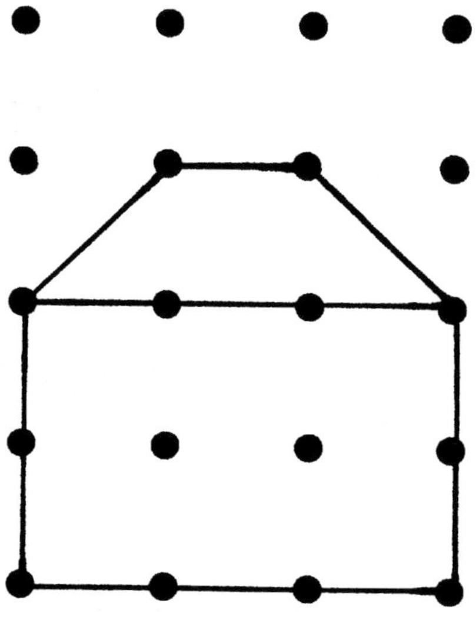

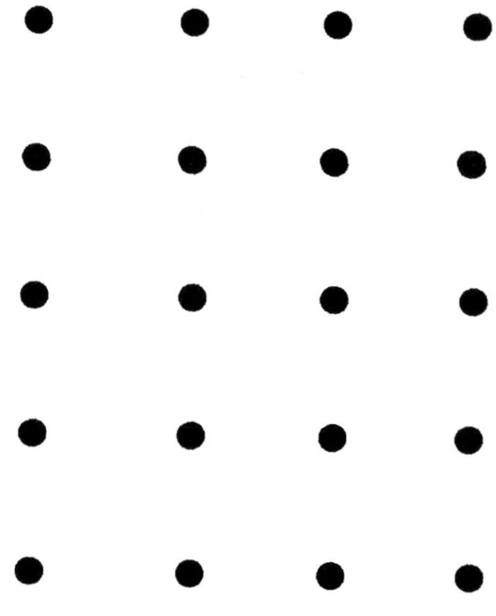

© 2004 verlag modernes lernen – Dortmund • aus: Maaß, Bestell-Nr. 1226

© 2004 verlag modernes lernen – Dortmund • aus: Maaß, Bestell-Nr. 1226

3 – 5

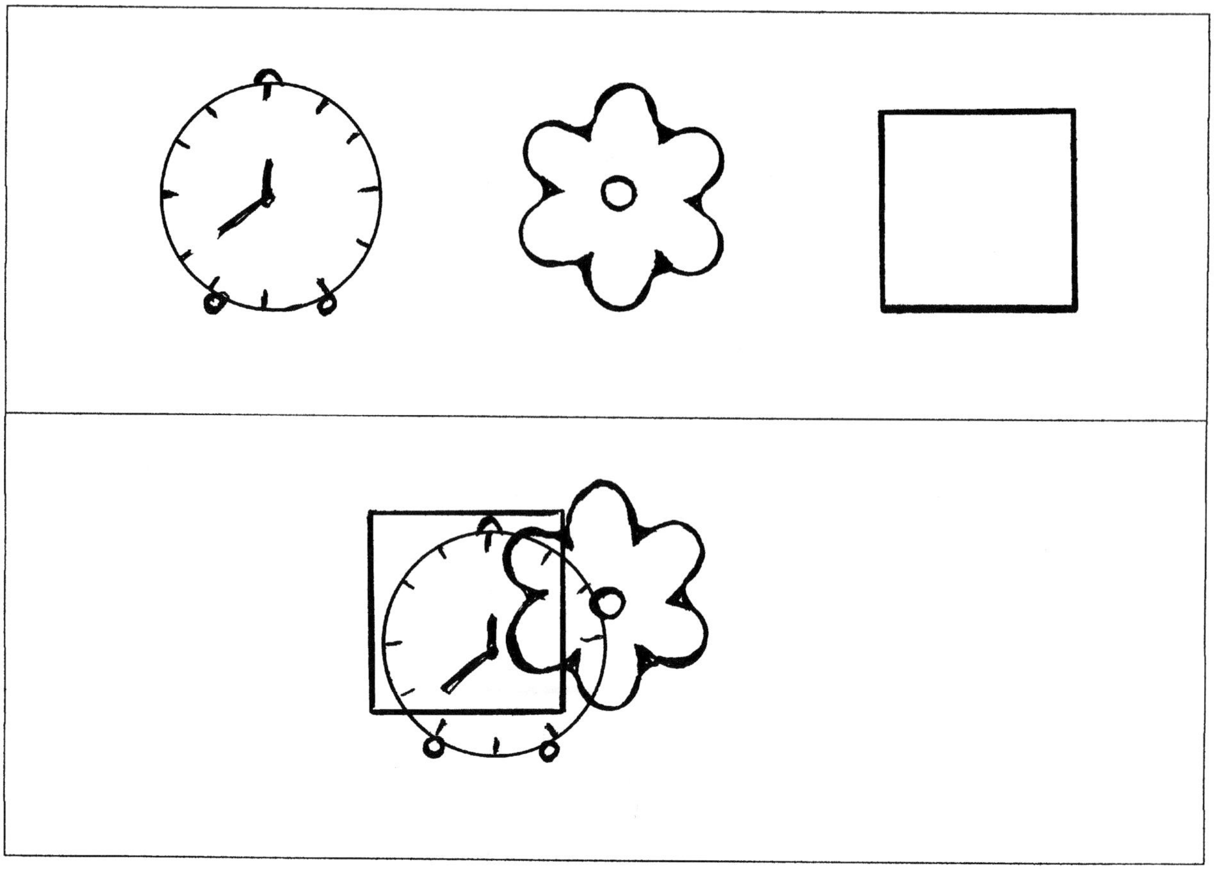

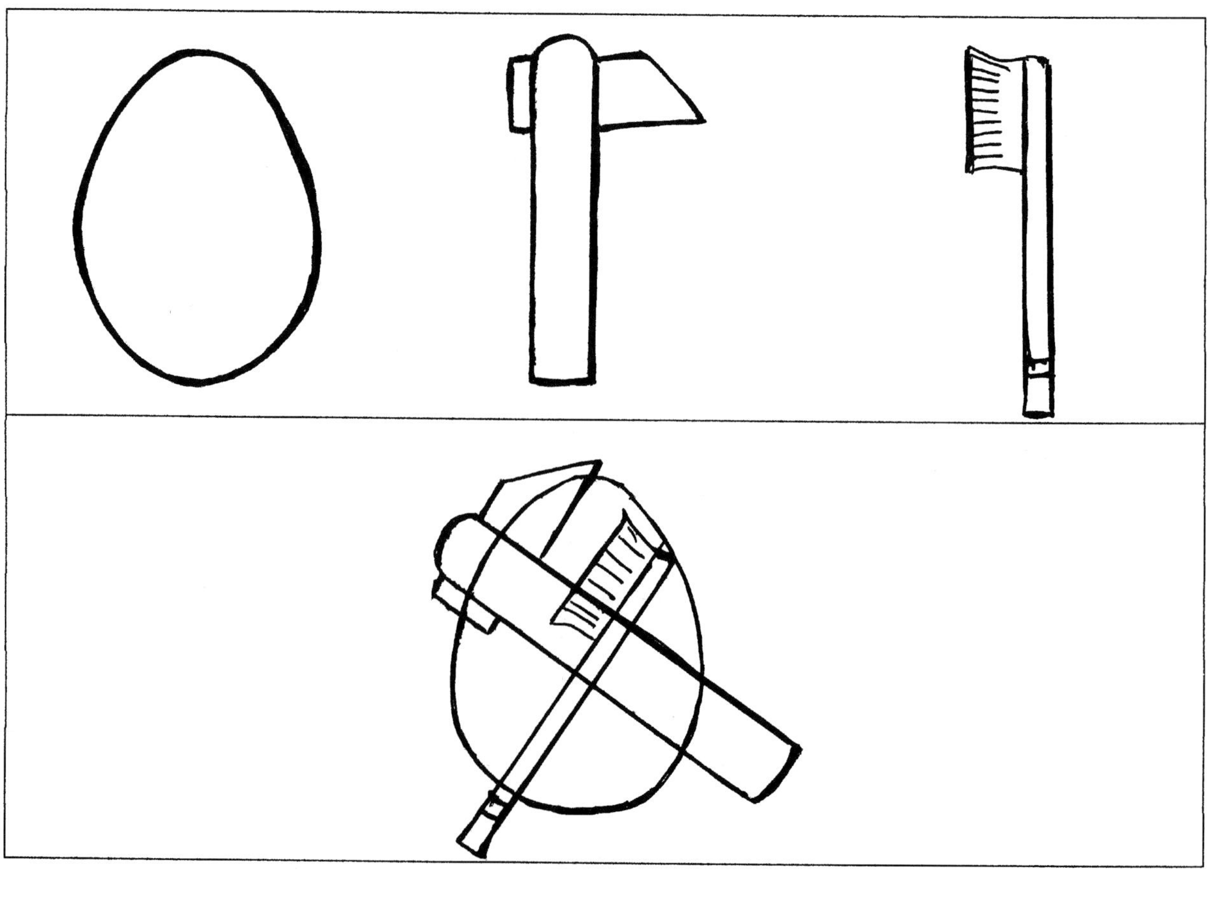

© 2004 verlag modernes lernen – Dortmund • aus: Maaß, Bestell-Nr. 1226

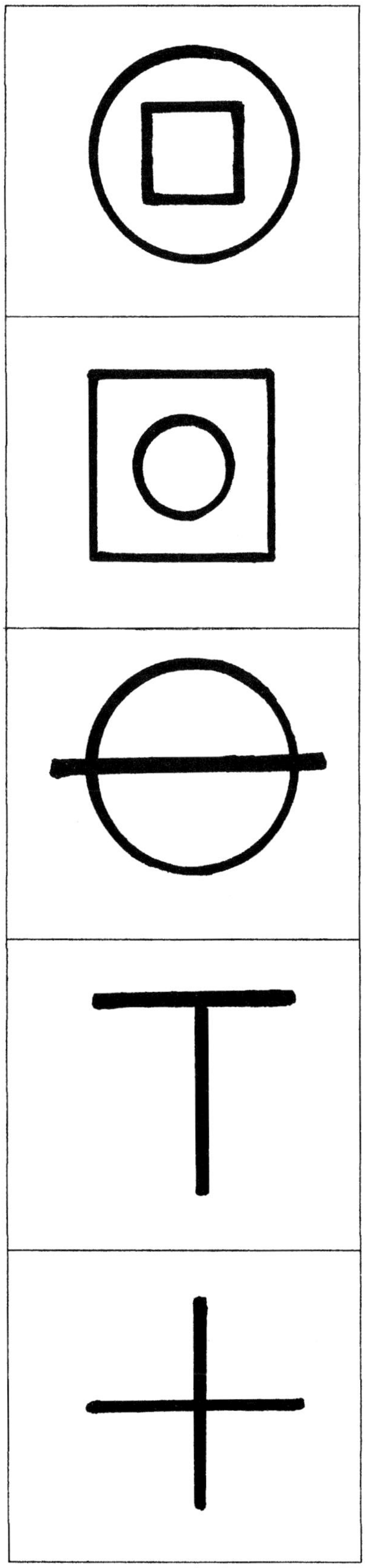

© 2004 verlag modernes lernen – Dortmund • aus: Maaß, Bestell-Nr. 1226

3 – 7

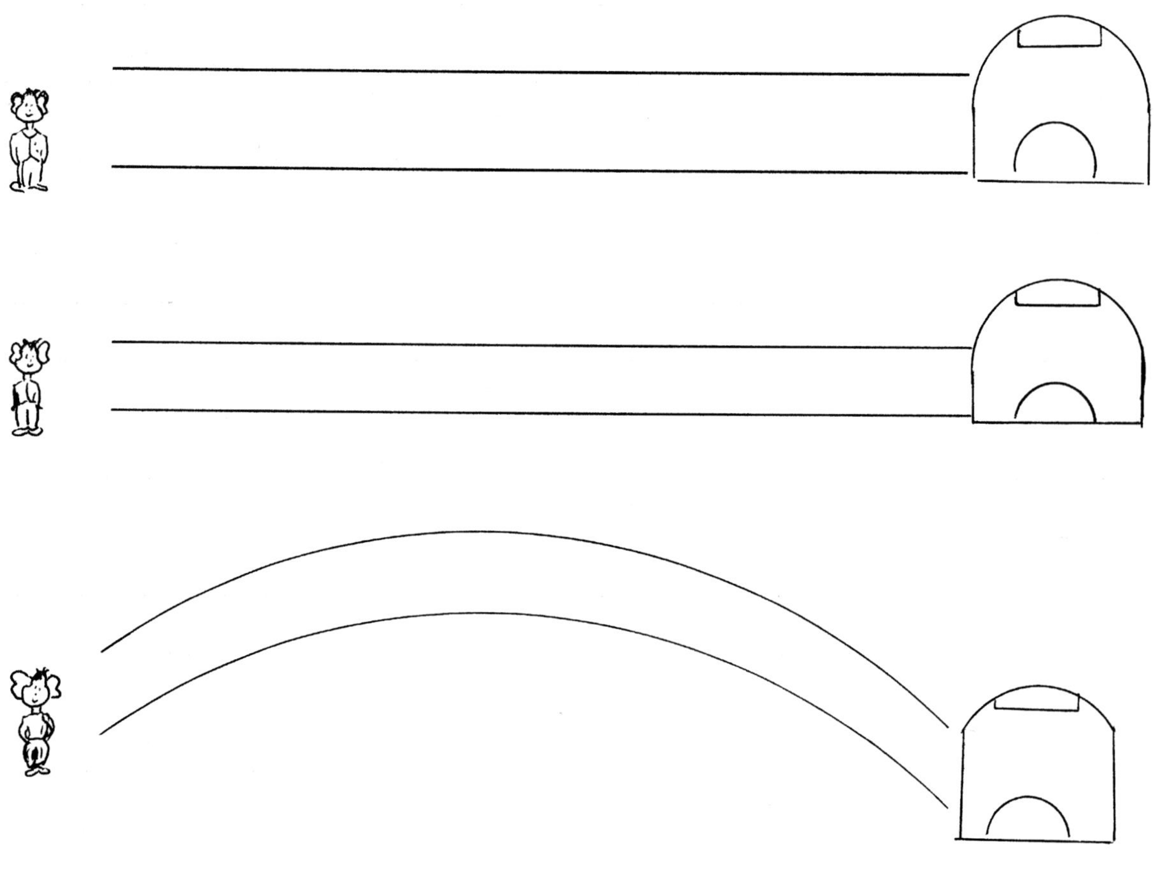

© 2004 verlag modernes lernen – Dortmund • aus: Maaß, Bestell-Nr. 1226

Erfolgsprotokoll für die Aufgaben der visuellen Wahrnehmung

		Name und Alter der teilnehmenden Kinder						
Nr.	**Spiel oder Übung**							**getesteter Bereich**
1	Raketenstart							Beachtung der Formkonstanz
2	Verkehrt herum							Erkennen der Raumlage
3	Unterschiede							visuelle Differenzierung
4	Punkte verbinden							Erkennen räumlicher Beziehungen
5	Wettkriechen der Mutschangobabys							visuelle Figur-Grund-Wahrnehmung
6	Im Mutschangomagen							visuelle Figur-Grund-Wahrnehmung
7	Wer kann Bilder nachzeichnen?							visuelles Gedächtnis
8	Strecken zeichnen							visuo-motorische Koordination
9	Farbentanzen							visuelle Differenzierung (Farben)

Beobachtungen: ____

____

____

____

____

____

____

____

____

____

____

____

____

❑ **Kein Kind zeigt im Bereich der visuellen Wahrnehmung Auffälligkeiten.**

© 2004 verlag modernes lernen – Dortmund • aus: Maaß, Bestell-Nr. 1226

❑ **Folgende Kinder zeigen im Bereich der visuellen Wahrnehmung leichte Auffälligkeiten, die eine gezielte Beobachtung empfehlenswert machen:** ______________________________

____

____

____

____

❑ **Folgende Kinder zeigen im Bereich der visuellen Wahrnehmung Auffälligkeiten:** ______

____

____

____

Daher sind nachfolgende Fördermaßnahmen angebracht: ______________________________

____

____

____

____

____

____

____

____

____

____

____

❑ **Folgende Kinder zeigen im Bereich der visuellen Wahrnehmung Begabungen, die es zu fördern gilt:** ____

____

____

____

____

____

____

© 2004 verlag modernes lernen – Dortmund • aus: Maaß, Bestell-Nr. 1226

Beispiel für Fördermaßnahmen für den Bereich der visuellen Wahrnehmung

Visuelle Wahrnehmungsdefizite können unter anderem zu Schwierigkeiten beim Lesen- und Schreibenlernen führen, denn wenn ein Kind beispielsweise die Raumlage nicht erkennt, verwechselt es d und b, p und b.
Zeigen sich also Auffälligkeiten im visuellen Bereich, so sollte von einem Augenarzt abgeklärt werden, ob z.B. eine Sehschwäche vorliegt. Sollte organisch alles in Ordnung sein, kann mit einem Training der visuellen Wahrnehmung begonnen werden. Hierzu gibt es zahlreiche Materialien in Vorschulheften, die im Handel erhältlich sind und ähnliche Übungen wie die hier vorgestellten beinhalten.
Bei schwerwiegenderen Problemen wird auch der Kinderarzt helfen, indem er dem Kind beispielsweise eine Ergotherapie verschreibt.

4. Fühlen und Tasten (Basisübungen zur taktil-kinästhetischen Wahrnehmung)

Material

- Astronautenausweise
- Erfolgsprotokoll
- Stifte
- Abbildungen von geometrischen Formen (siehe Übungseinheit 3. „Augen auf“)
- Musik
- Behälter mit handlichen Gegenständen zum Ertasten (manche sollen eine unterschiedliche Oberfläche und Form aufweisen, andere sollen teils ähnlich und teils doppelt sein)

Zusammenfassung

Es werden acht Tastspiele und Spiele zum Körperempfinden durchgeführt.

Wissensvermittlung

Die Kinder lernen ein Fingerspiel und erfahren, was ein Countdown ist.

Vorgehensweise

Bei einigen Spielen müssen die Kinder Paare bilden. Bleibt ein Kind übrig, so kann es die Rolle eines „Assistenten“ übernehmen und später die Übung nachholen. Bei dem nächsten Paarspiel wird dann getauscht.

Einleitung

„Ihr werdet heute viele schöne Spiele kennen lernen. Es geht um das Fühlen und Tasten. Außerdem zeige ich euch das Fingerspiel ‘Raketenstart’. Ihr werdet auch erfahren, was ein Countdown ist und wozu man ihn beim Raketenstart braucht.“

Hinweise zu den Einzelaufgaben

1. Mutschangos und Ohrenwesen

Je zwei Kinder suchen sich einen Platz. Ein Kind ist das Ohrenwesen. Es liegt mit geschlossenen Augen auf dem Rücken und hat die Arme von sich gestreckt (Handrücken nach oben). Das andere Kind ist der Mutschango und berührt mit der Fingerspitze das Ohrenwesenkind an verschiedenen Stellen des Unterarmes und der Handfläche. Da der Druck kurz und relativ leicht sein muss, sollte der Erwachsene jedem Paar die Druckstärke der Berührung vorführen. Das Ohrenwesenkind öffnet dann die Augen und zeigt auf die berührte Stelle.
Dann tauschen die Kinder die Rollen.

Beobachtungshinweise

Wenn das Kind die richtige Stelle an der Handoberfläche oder am Unterarm lokalisieren konnte (auch mit Abweichungen von ca. 1-2 cm), ist die Aufgabe gelöst. Bei Problemen sollte die Übung vom Erwachsenen mehrmals wiederholt werden. Auch ist zu berücksichtigen, dass manche Kinder erst eine Weile Zeit brauchen, um sich hineinzufühlen.

Variation:

Die Berührungen werden auch an anderen Stellen des Körpers ausgeführt und zum Schluss an zwei Stellen gleichzeitig.

2. Auf den Körper zeichnen

Die Kinder bleiben paarweise zusammen, während der Erwachsene den Kindern vier geometrische Figuren (siehe Abbildungen im Buch in Übungseinheit 3) zeigt und benennt.

Von jedem Paar legt sich ein Kind als Ohrenwesen mit geschlossenen Augen auf den Bauch. Das andere Kind (Mutschango) schaut zum Erwachsenen, um zu sehen, welche geometrische Figur dieser hochhält. Nun zeichnen die Mutschangokinder diese Figur auf den Rücken des Partners und erfragen, was es wohl für eine Form gewesen sein könnte. Das Gleiche wird mit anderen Formen wiederholt. Danach tauschen die Kinder wieder ihre Rollen.

Beobachtungshinweise

Hier muss der Erwachsene nicht neben jedem einzelnen Paar stehen. Er fragt stattdessen die Kinder: „Habt ihr die Form richtig erraten? Was für eine Form war es denn?"

Ein Paar, das die erste Frage verneinen muss, wird nun genauer beobachtet. Wenn ein Kind weiterhin Probleme hat, sollte der Erwachsene die Hand des Kindes nehmen und ihm so groß wie möglich mit der stumpfen Seite eines Stifts eine der vier Formen in die Handinnenfläche zeichnen. Das Kind darf ihm dabei nicht zusehen. Die Übung kann mehrmals (auch am Unterarm) wiederholt werden, da sich auch hier manche Kinder erst hineinfühlen müssen. Oft fällt es Kindern leichter, Hautzeichnungen zu erkennen, wenn die betreffende Hand beziehungsweise der Unterarm in die Nähe des Kopfes gehalten wird.

3. Könnt ihr das?

Der Finger-Daumen-Test

Alle Kinder sitzen im Kreis und schauen zum Erwachsenen. Dieser legt abwechselnd jeden Finger der rechten Hand nacheinander an den Daumen (Zeigefinger-Daumen, Mittelfinger-Daumen, Ringfinger-Daumen, kleiner Finger-Daumen und wieder zurück). Das probieren nun die Kinder, erst mit der rechten und dann mit der linken Hand.

Beobachtungshinweise

Nach mehrfachem Üben mit beiden Händen sollte die Aufgabe relativ flüssig und ohne starkes Mitbewegen der anderen Finger gelingen.

4. Könnt ihr das?

Der Finger-Nase-Test

Die Kinder versuchen dreimal hintereinander, mit ihrem rechten Zeigefinger genau die Nasenspitze zu treffen. Dann benutzen sie den Zeigefinger der linken Hand.

Beobachtungshinweise

Die Kinder sollten ihre Nasenspitze treffen können.

5. Wissensvermittlung über den Raketenstart und den Countdown

„Bevor die Rakete startet, wird alles noch einmal überprüft. Ungefähr 300 Techniker und Ingenieure sind daran beteiligt. Neun Minuten vor dem Start überprüfen Spezialisten in einem Kontrollzentrum ihren Bereich und geben, wenn alles in Ordnung ist, ihre Zustimmung zum Start. Der Countdown beginnt darum mit der Zahl neun. Das heißt, es wird von neun an rückwärts bis null gezählt, allerdings nicht gleichmäßig.

Die Astronauten sind längst in der Raumfähre. Ungefähr eine halbe Minute vor dem Start übernimmt der Computer über 4 Millionen Entscheidungen. 6 Sekunden vor dem Start werden die Haupttriebwerke gezündet und es wird weiter rückwärts gezählt. Bei 0 ist ein Abbruch des Starts nicht mehr möglich. Der Countdown ist also dazu da, die Vorbereitungen in einer bestimmten Reihenfolge durchzuführen."

Fingerspiel: Raketenstart

Diese fünf Fingerlein
wollen Astronauten sein.
Das kleine dicke Däumelein

steigt als erstes in die Rakete ein.
Zeigefinger folgt sogleich;
macht mit dem Mittelfinger noch schnell einen Streich.
Ringfinger, viel Freude hat;
isst sich erst mal tüchtig satt.
Der kleine Finger – kaum zu seh'n –
geht zum Schluss – als Kapitän.
Und nun, das weiß doch jedes Kind,
der Countdown gleich beginnt:
9, 8, 7, 6, 5, 4, 3, 2, 1, 0
R A K E T E N S T A R T !

Die linke Hand formt eine Rakete, wobei der Daumen an einen der anderen gekrümmten Finger gelegt wird, damit ein Kreis entsteht (die Öffnung der Rakete).
Die Finger der rechten Hand führen zur jeweiligen Zeile die passenden Bewegungen aus und werden nacheinander in die Öffnung der Rakete gesteckt und bleiben dort bis zum Schluss.
Bei „Und nun, das weiß doch jedes Kind, der Countdown gleich beginnt", wird die Stimme ganz spannend erhoben, genauso beim Zählen. Nach einem laut gerufenen „Raketenstart!" werden die Hände von unten nach oben hoch in die Luft gehoben und mit einem ordentlichen Zischen begleitet.

6. Gesehenes ertasten
Die Kinder bilden wieder Paare. Der Erwachsene zeigt ihnen verschiedene Gegenstände, die möglichst eine unterschiedliche Oberflächenstruktur aufweisen. Die Anzahl der Gegenstände soll der der Kinderpaare entsprechen.
Dann wird von jedem Paar ein Kind gebeten, die Hände nach hinten zu halten. Die Partner geben ihnen nun einen der gezeigten Gegenstände zum Betasten in die Hände. Wer den Gegenstand nicht erraten hat, darf mit geschlossenen Augen die Hände nach vorn nehmen und sein Glück erneut versuchen. Klappt auch dieser Versuch nicht, bekommt das Kind einen neuen Gegenstand.
Nun werden die Rollen getauscht. Insgesamt soll jedes Kind drei Gegenstände ertasten dürfen.
Beobachtungshinweise
Sind dem Kind bestimmte Oberflächenstrukturen sehr unangenehm (taktile Abwehr)?
Gelingt es dem Kind, durch Abtasten Material und Form eines Gegenstandes richtig zu bestimmen?

7. Gleich oder anders?
Es werden verschiedene Gegenstände zum Ertasten benötigt, die sich ähnlich anfühlen und zum Teil auch doppelt vorhanden sein sollen (z.B. zwei gleiche Holzbausteine, ein Plastikei und eine Plastikkugel ...).
Die Kinder sitzen im Kreis. Es ist immer nur ein Kind an der Reihe, welches mit verbundenen Augen versucht, die beiden ihm in die Hände gelegten Gegenstände zu vergleichen und festzustellen, ob es sich um zwei gleiche oder zwei ähnliche Dinge handelt.
Beobachtungshinweise
Gelingt dies dem Kind, gilt die Aufgabe als gelöst. Hat es dagegen einen Fehler begangen, darf es weitere Versuche starten.

8. Abschließende Übung:
Bewegen nach Musik
Zum Abschluss ertönt Musik, nach der die Kinder sich ihren Vorstellungen gemäß bewegen können.
Beobachtungshinweise
Gelingt es den Kindern, sich der Musik entsprechend zu entspannen oder aktiv zu bewegen? Sind die Bewegungen elastisch und geschmeidig oder wirken sie eher plump und ungelenk?

Ankreuzen der durchgeführten Übungen in den Astronautenausweisen

Erfolgsprotokoll für die Aufgaben der taktil-kinästhetischen Wahrnehmung

		Name und Alter der teilnehmenden Kinder						
Nr.	**Spiel oder Übung**							**getesteter Bereich**
1	Mutschangos und Ohrenwesen							Berührungsempfinden (taktile Wahrnehmung)
2	Auf den Körper zeichnen							taktile Form-Wahrnehmung (taktile Wahrnehmung)
3	Könnt ihr das? Der Finger-Daumen-Test							Fingerdifferenzierung (kinästhetische Wahrnehmung)
4	Könnt ihr das? Der Finger-Nase-Test							Koordinationsvermögen (kinästhetische Wahrnehmung)
5	Fingerspiel: Raketenstart							Fingerstellung imitieren (kinästhetische Wahrnehmung)
6	Gesehenes ertasten							taktile Differenzierung (taktile Wahrnehmung)
7	Gleich oder anders?							taktile Differenzierung (taktile Wahrnehmung)
8	Bewegen nach Musik							Körperkontrolle (kinästhetische Wahrnehmung)

Beobachtungen: ______________________________

____

____

____

____

____

____

____

____

____

____

____

❑ **Kein Kind zeigt im Bereich der taktil-kinästhetischen Wahrnehmung Auffälligkeiten.**

© 2004 verlag modernes lernen – Dortmund • aus: Maaß, Bestell-Nr. 1226

❑ **Folgende Kinder zeigen im Bereich der taktil-kinästhetischen Wahrnehmung leichte Auffälligkeiten, die eine gezielte Beobachtung empfehlenswert machen:** ______________________

____

____

____

____

❑ **Folgende Kinder zeigen im Bereich der taktil-kinästhetischen Wahrnehmung Auffälligkeiten:** ______________________

____

____

____

Daher sind nachfolgende Fördermaßnahmen angebracht: ______________________

____

____

____

____

____

____

____

____

____

____

____

❑ **Folgende Kinder zeigen im Bereich der taktil-kinästhetischen Wahrnehmung Begabungen, die es zu fördern gilt:** ______________________

____

____

____

____

____

© 2004 verlag modernes lernen – Dortmund • aus: Maaß, Bestell-Nr. 1226

Beispiele für Fördermaßnahmen im Bereich der taktil-kinästhetischen Wahrnehmung

Auffälligkeiten im taktil-kinästhetischen Bereich sollten ernst genommen werden. Es könnte z.B. eine Störung in der Tiefenwahrnehmung vorliegen. Ein Kind, das beispielsweise Probleme mit der Kraftdosierung hat, das oft derb und tollpatschig wirkt, andere Kinder anrempelt, gern gegen Hindernisse rennt, das oft (und plump) springt, hat möglicherweise Schwierigkeiten „sich selbst zu spüren", wenn es die Reize nicht verstärkt.
Diese Wahrnehmungsstörungen wirken sich oft im sozialen Bereich negativ aus. Die Eltern sollten sich schon aus diesem Grund nicht scheuen, ihr Kind dem Kinderarzt vorzustellen. Dieser wird dann eventuell eine Ergotherapie verschreiben oder andere Möglichkeiten vorschlagen, wie z.B. psychomotorische Übungen, eine Therapie bei einem Motologen, Kinderturnen und so weiter.

Fördermöglichkeiten für Eltern und Erzieher:
- Rückenspiele
- Hautzeichnungen
- „Blinde Kuh" von Ravensburger
- Tastspiel
- Schaffen vielfältiger Möglichkeiten zur Förderung der Fein- und Grobmotorik ...

5. Einzelförderung (nach Bedarf)

An dieser Stelle kann der Übungsbaustein Einzelförderung eingesetzt werden.
Der Erwachsene hat beispielsweise die Möglichkeit, mit einzelnen Kindern Übungen in bereits vorgestellter oder in abgewandelter Form zu nutzen, um genauere Beobachtungen vorzunehmen. Andererseits können die Kinder Spiele oder Übungen aus den vorausgegangenen Übungseinheiten wiederholen, die sie besonders mochten.
Für Kinder, die gern etwas ausmalen möchten, kann die Zeichnung vom Mutschango (siehe Kopiervorlage) bereitgestellt werden.

© 2004 verlag modernes lernen – Dortmund • aus: Maaß, Bestell-Nr. 1226

6. Besichtigung des Raumschiffs (Basisübungen zur feinmotorischen Entwicklung)

Material

- Astronautenausweise
- Erfolgsprotokoll
- durchsichtiges Klebeband
- Scheren
- 2 Blätter mit geometrischen Formen (Kreis und Dreieck siehe Kopiervorlagen **6-1** und **6-2**)
- 1 Schaltpult für jedes Kind (Arbeitsblatt zum Ausschneiden siehe Kopiervorlage **6-3**)
- für jedes Kind und den Erwachsenen eine Weltraumkarte für den Routenplan (siehe Kopiervorlage **6-4**)
- Malstifte
- Liebesperlen
- kleines Fläschchen, Döschen oder anderer kleiner Behälter für jedes Kind
- flache Schale oder Teller
- „Astronautensitz" (Stuhl und ein Gurt oder Ähnliches mit einer Gelegenheit zum Knöpfen)

Zusammenfassung

Die Kinder dürfen „das Raumschiff" betreten und erhalten dabei spielerische Aufgaben zur Überprüfung der feinmotorischen Entwicklung.

Wissensvermittlung

Es werden Kenntnisse über die Planeten unseres Sonnensystems vermittelt.

Vorgehensweise

Ein Blatt mit einem aufgezeichnetem Kreis (siehe Kopiervorlage **6-1**) wird vor Übungsbeginn mit dem Klebeband an der Außenseite der Tür befestigt, das Blatt mit dem Dreieck (**6-2**) dagegen an der Innenseite (Spitze nach oben) und zwar in einer Höhe, die es den Kindern ermöglicht, bequem die Umrisse der Formen mit dem „Zauberstift" (Malstift) nachzufahren.
Der weitere Ablauf ergibt sich aus den Hinweisen zu den Einzelaufgaben.

Hinweise zu den Einzelaufgaben

1. Tür mit dem „Zauberstift" öffnen

Jedes Kind erhält möglichst einen andersfarbigen Stift und versucht, den Umriss des Kreises mit dem Stift nachzufahren, ohne ihn abzusetzen. Dann wird die Tür geöffnet und das entsprechende Kind kann „das Raumschiff" betreten.

Beobachtungshinweise

Die Aufgabe ist gelöst, wenn der Kreis des Kindes nicht wesentlich von der vorgegebenen Form abweicht.

2. Schaltpult

Die Kinder erhalten ein Blatt mit einem aufgezeichneten Schaltpult (siehe Kopiervorlage **6-3**), welches es auszuschneiden gilt.

Beobachtungshinweise

Gelingt das Schneiden auf der Linie? Wirkt die Handhaltung locker oder verkrampft?

3. Blinklichter am Schaltpult

Die Kreise auf dem Schaltpult sollen farbig ausgemalt werden, um Blinklichter und Knöpfe darzustellen.

Beobachtungshinweise

Zu beobachten ist die Stiftführung. Ist die Hand sehr verkrampft? Werden die Begrenzungen eingehalten? Ermüdet das Kind schnell?

4. Vitaminpillen in Fläschchen füllen

Dann erfahren die Kinder, dass sie ausnahmsweise Vitaminpillen wie die richtigen Astronauten erhalten und zwei davon lutschen dürfen.

Dazu werden in eine flache Schale oder auf einen Teller Liebesperlen geschüttet. Jedes Kind darf nacheinander schnell zehn Liebesperlen in den kleinen Behälter füllen.

Beobachtungshinweise

Gelingt es dem Kind, die zehn Perlen in nicht mehr als zwanzig Sekunden in den Behälter einzufüllen?

5. Routenplan

Die Kinder erhalten eine Weltraumkarte (siehe Kopiervorlage **6-4**), in die die Flugroute zum Planeten der Ohrenwesen eingezeichnet werden muss.

Vorher jedoch malen die Kinder die Planeten aus (siehe Vorlage im Buch) und erfahren dabei Wissenswertes über sie.

„Um unsere Sonne kreisen Planeten, die Erde ist einer davon. Unser Märchenplanet der Ohrenwesen existiert in unserer Phantasie, aber die neun Planeten Merkur, Venus, Erde, Mars, Jupiter, Saturn, Uranus, Neptun und Pluto gibt es wirklich. Sie sehen aus wie Bälle, von denen manche fest und manche aus Gas sind, wie z.B. der Jupiter. Die Menschen gaben den Planeten Namen der Götter, an die sie glaubten. Das Wort Planet heißt übrigens Wanderer, denn sie wandern um die Sonne. Manche nennen die Planeten auch Wandelsterne. Sterne sind sie aber nicht. Sie geben selbst kein Licht ab, sondern leuchten nur, wenn sie angestrahlt werden. Außerdem sind sie kleiner als die meisten Sterne. Diese sehen nur so winzig aus, weil sie so weit weg sind."

Der Erwachsene gibt dann die einzuzeichnende Route vor und zeigt sie auf einer Extrakarte (z.B.: „Seht ihr den blauen Planeten, unsere Erde? Von dort geht es zuerst in Richtung Mars, das ist der rote Planet. Wir fahren ganz dicht am Mars vorbei und weiter geht es ...").

Beobachtungshinweise

Diesmal wird aus diagnostischer Sicht darauf geachtet, ob die Kinder die räumlichen Beziehungen erkennen und übertragen können und ob sie in der Lage sind, einigermaßen gerade Linien zu ziehen.

6. Gurt schließen

Jedes Kind darf einmal auf dem Astronautensitz Platz nehmen und muss sich dabei anschnallen (Knopf schließen).

Beobachtungshinweise

Gelingt es dem Kind, den Knopf zu schließen, gilt die Aufgabe als gelöst. Ist dies nicht der Fall, sollte man dem Kind eine andere „Knöpfmöglichkeit" bieten. Vielleicht war das Knopfloch etwas eng oder der Knopf zu glatt.

7. Geheime Türöffnungsbilder abzeichnen

Die Kinder werden gebeten, sich die „geheimen" Bilder an der Tür (Kreis und Dreieck) in ihren Astronautenausweis abzuzeichnen, damit sie sie nicht vergessen.

Beobachtungshinweise

Gelöst ist die Aufgabe, wenn sie die Formen in etwa wiedergeben können und eine Spitze des Dreiecks nach oben zeigt (wie auf der Vorlage).

8. Tür von innen mit „Zauberstift" öffnen
siehe Aufgabe 1

9. Abschließendes Spiel:
Planeten kreisen
Ein Kind ist die Sonne, die anderen wählen den Namen eines Planeten und umkreisen die „Sonne". „Planeten", die zusammenstoßen oder sich auch nur streifen, müssen ausscheiden. Noch komplizierter wird es, wenn auch noch „Monde" auftauchen.

Ankreuzen der durchgeführten Übungen in den Astronautenausweisen

© 2004 verlag modernes lernen – Dortmund • aus: Maaß, Bestell-Nr. 1226

6 – 1

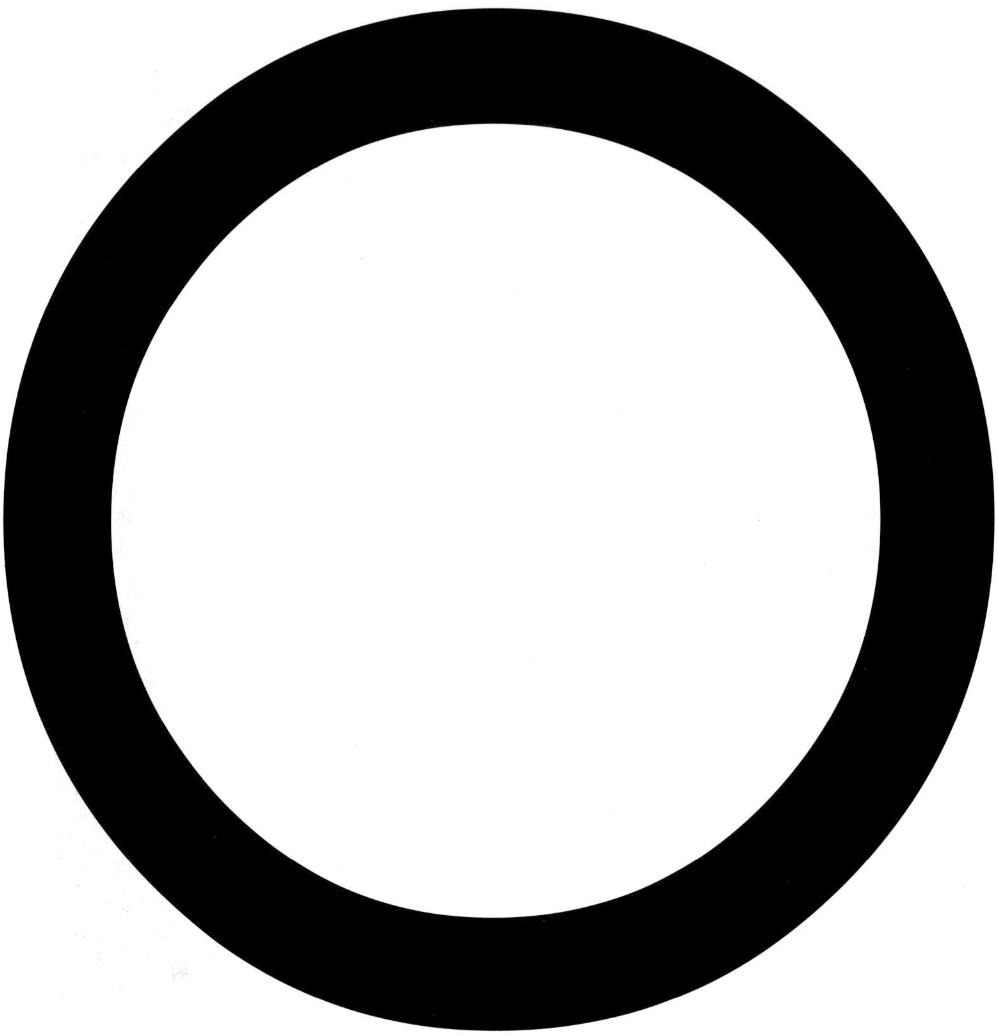

© 2004 verlag modernes lernen – Dortmund • aus: Maaß, Bestell-Nr. 1226

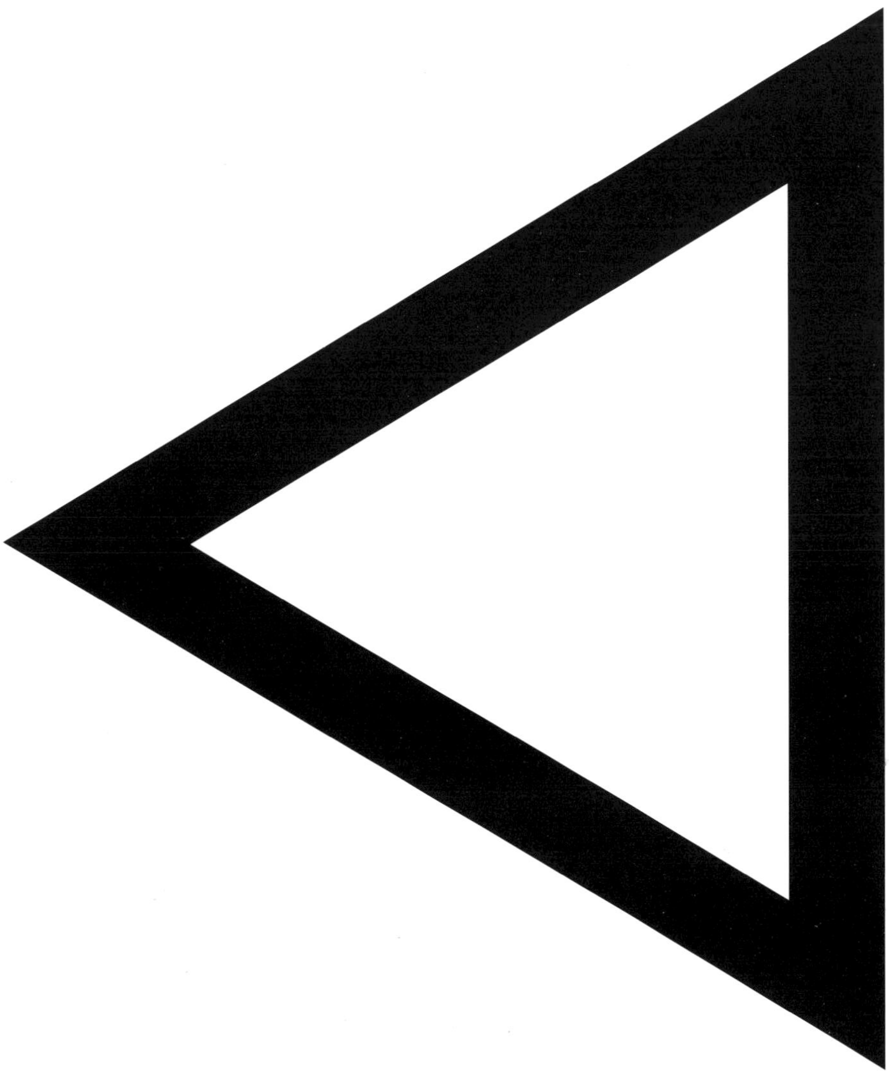

© 2004 verlag modernes lernen – Dortmund • aus: Maaß, Bestell-Nr. 1226

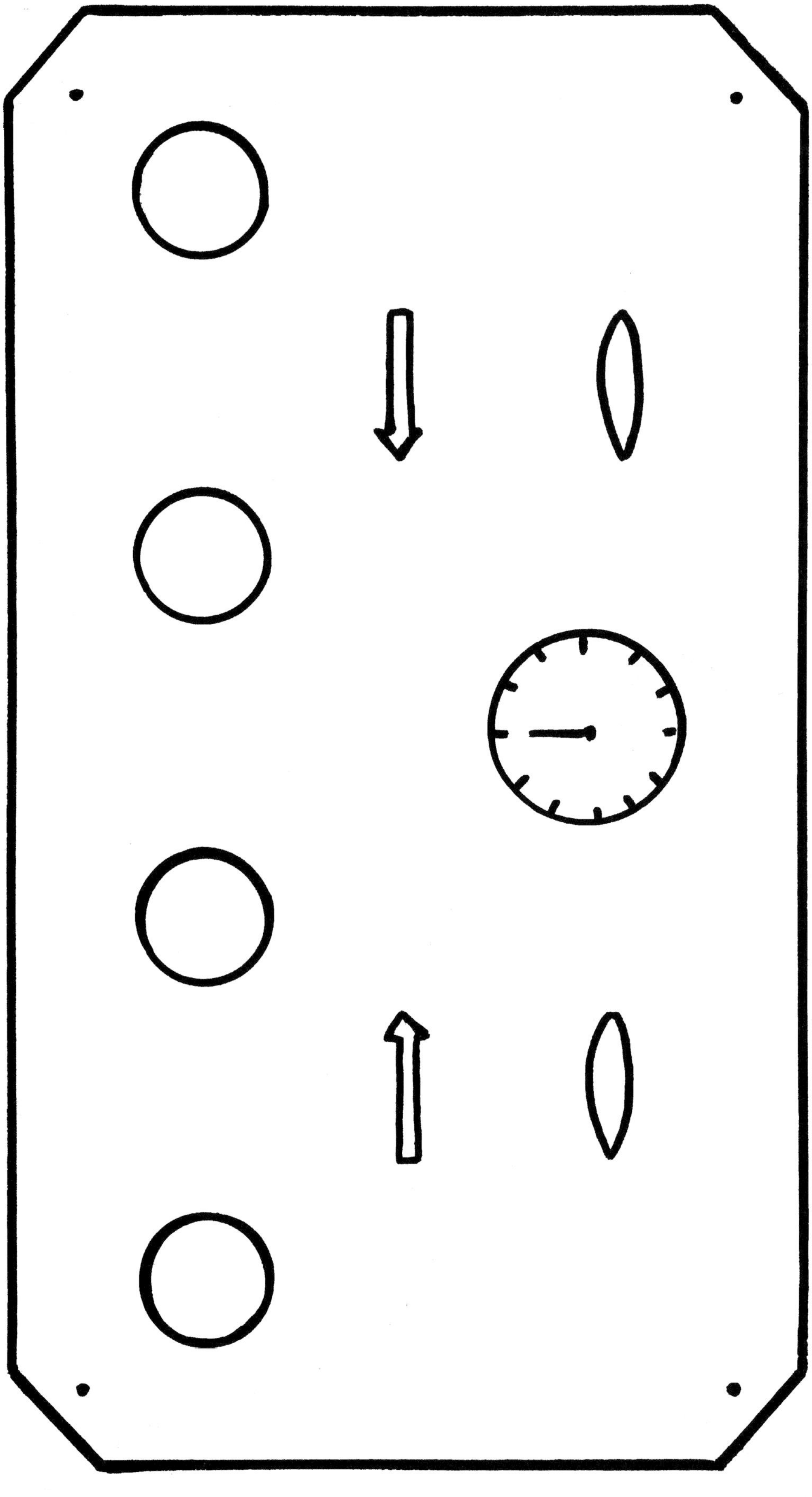

© 2004 verlag modernes lernen – Dortmund • aus: Maaß Bestell-Nr. 1226

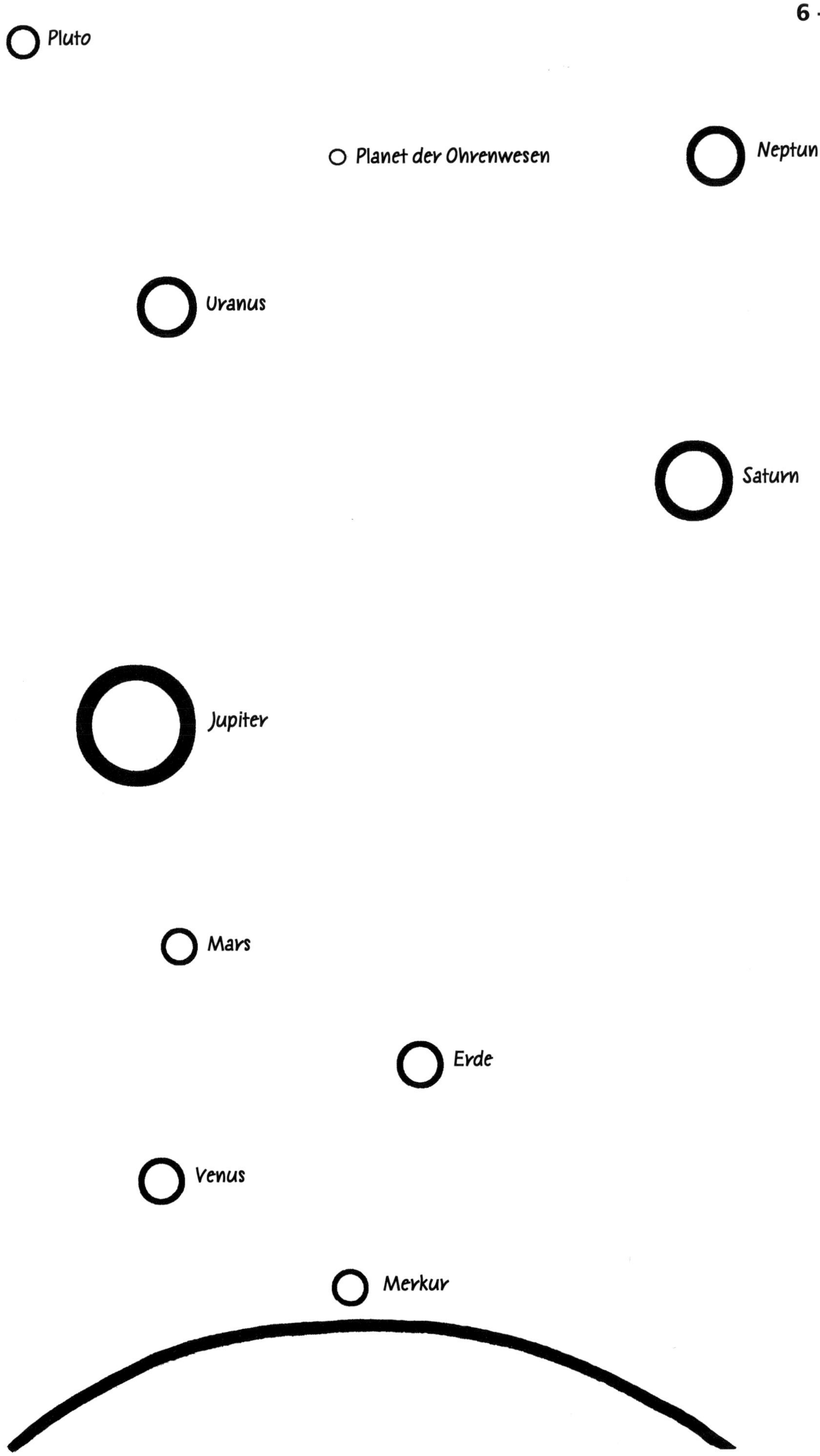

© 2004 verlag modernes lernen – Dortmund • aus: Maaß, Bestell-Nr. 1226

Erfolgsprotokoll für die Aufgaben der feinmotorischen Entwicklung

		Name und Alter der teilnehmenden Kinder						
Nr.	**Spiel oder Übung**							**getesteter Bereich**
1	Tür mit dem „Zauberstift" öffnen							visuo-motorische Koordination
2	Schaltpult							Finger-Hand-Geschicklichkeit
3	Blinklichter am Schaltpult							Graphomotorik
4	Vitaminpillen in Fläschchen füllen							Finger-Hand-Geschicklichkeit
5	Routenplan							visuo-motorische Koordination, Graphomotorik
6	Gurt schließen							Finger-Hand-Geschicklichkeit
7	Geheime Türöffnungsbilder abzeichnen (Kreis und Dreieck)							visuo-motorische Koordination, Graphomotorik
8	Tür von innen mit „Zauberstift" öffnen							visuo-motorische Koordination

Beobachtungen: ______________________________

____

____

____

____

____

____

____

____

____

____

❑ **Kein Kind zeigt im Bereich der feinmotorischen Entwicklung Auffälligkeiten.**

© 2004 verlag modernes lernen – Dortmund • aus: Maaß, Bestell-Nr. 1226

❑ **Folgende Kinder zeigen im Bereich der feinmotorischen Entwicklung leichte Auffälligkeiten, die eine gezielte Beobachtung empfehlenswert machen:** ____________________

❑ **Folgende Kinder zeigen im Bereich der feinmotorischen Entwicklung Auffälligkeiten:** __

Daher sind nachfolgende Fördermaßnahmen angebracht: ____________________

❑ **Folgende Kinder zeigen im Bereich der feinmotorischen Entwicklung Begabungen, die es zu fördern gilt:** ____________________

© 2004 verlag modernes lernen – Dortmund • aus: Maaß, Bestell-Nr. 1226

Beispiele für Fördermaßnahmen im feinmotorischen Bereich

Die Feinmotorik ist eng mit der taktil-kinästhetischen Wahrnehmung verknüpft. Problemen im feinmotorischen Bereich kann man entgegenwirken, indem den Kindern vielfältige Möglichkeiten zur Schulung ihrer Feinmotorik angeboten werden, wie z.B.:

- Verschlüsse (z.B. Knöpfe) öffnen und schließen
- Schneiden
- Basteln
- Nutzen von Ausmalblättern
- Steckspiele
- Perlen auffädeln
- Mikado
- Meister Hämmerlein…

Bei starken Auffälligkeiten sollten Eltern ihren Kinderarzt befragen, ob z.B. eine Ergotherapie angebracht wäre.

7. Astronautenkörpertraining Teil I (Übungen zur grobmotorischen Entwicklung)

Material für Teil I

- 2 m langer und 10 cm breiter „Balken“ zum Balancieren (kann auch eine umgedrehte Langbank, ein Papierstreifen, der auf dem Boden mit durchsichtigem Klebeband befestigt wird, ein Kreidestrich oder eine Teppichkante sein)
- Stuhl zum Herunterspringen, falls weder Balken noch Langbank vorhanden sind
- Matratze oder Decke (für Seitwärtsrolle)
- Seil, Teppichkante oder Kreidestrich für den Zehenspitzengang
- Rahmentrommel, Tamburin oder etwas Ähnliches
- 2 Reifen oder Kisten
- 5 Gegenstände (z.B. Schuhe), die schnell von einem Reifen in den anderen transportiert werden sollen (beziehungsweise von einer Kiste in die andere)
- Astronautenausweise
- Stifte zum Ankreuzen der Übungen in den Astronautenausweisen
- Erfolgsprotokoll

Zusammenfassung

Nach der Eröffnung erfolgt die Erwärmungsphase in Form eines Reaktionslaufes. Danach üben die Kinder an Stationen und beenden das Training mit einem Spiel.

Wissensvermittlung

Kinder erfahren etwas über die körperlichen Anforderungen an die Astronauten.

Vorgehensweise

In der Eröffnungsphase wird den Kindern die Notwendigkeit eines Körpertrainingsprogramms für Astronauten nahe gebracht. Dadurch werden die Kinder motiviert, selbst an einem „Astronautenkörpertraining“ teilzunehmen und zum Ende der Übungseinheit (Trainingsstunde) die absolvierten Übungen im Astronautenausweis anzukreuzen.

Eröffnung

„Astronauten finden im Weltraum völlig andere Bedingungen vor als auf der Erde. Der Druck, der auf der Erde auf unseren Körper einwirkt, fehlt im Weltraum. Diese Schwerelosigkeit bedeutet eine große Belastung für die Astronauten, vor allem für deren Skelett. Wer lange im Weltall war, hat anfangs große Probleme, auf der Erde wieder aufrecht zu laufen. Auch der Kreislauf kommt ganz durcheinander. Die veränderten Schwerkraftverhältnisse im Innenohr führen ebenfalls zu Problemen. Ihr könnt euch sicher denken, dass nur sehr gesunde Menschen, die außerdem körperlich sehr fit sein müssen, diese Belastungen gut überstehen können. Darum nehmen die Astronauten an Trainingsprogrammen teil. Und das Gleiche wollen wir heute auch tun.“

Die Erwärmungsphase

findet in Form eines Reaktionslaufes statt. Die Kinder laufen hintereinander im Kreis und werden dabei rhythmisch vom Schlagen auf der Rahmentrommel oder etwas Ähnlichem begleitet. Auf vorher vereinbarte Signale reagieren die Kinder möglichst schnell und korrekt.

Beispiel:

Die Rahmentrommel ist gleichmäßig und mittellaut zu hören und die Kinder laufen ausdauernd. Plötzlich ruft der Erwachsene: „Auf den Bauch legen!“. Gleichzeitig schlägt er laut auf die Rahmentrommel, die danach verstummt. Das erneute Schlagen veranlasst die Kinder, das Laufen fortzusetzen, bis ein neues Signal kommt.

Variationen:

Richtungswechsel, Schneidersitz, Hocksitz, Grätschsitz, Trippelschritte (nach entsprechendem leisen und schnellen Schlagen), Stampfen (lautes etwas langsameres Schlagen), Schleichen...

Üben an den fünf Stationen

Folgende Übungen werden an den einzelnen Stationen absolviert:
Balancieren vorwärts, Springen vom Ende der Bank oder vom Stuhl, Seitwärtsrolle, Zehenspitzengang und Drehsprung.
Den Kindern bereitet es in der Regel viel Spaß, wenn sie die Stationen mehrmals durchlaufen.
Die darauf folgenden gemeinsam durchgeführten Übungen testen Schnelligkeit und das statische Gleichgewicht.

Ein Schnelligkeitsspiel und Gleichgewichtsübungen

folgen dem Stationsbetrieb (siehe Ablauf Teil I und Hinweise zu den Einzelaufgaben).

Abschließendes Spiel:

Feuer, Wasser, Sturm

Als abschließendes Spiel wird Feuer, Wasser, Sturm empfohlen, denn diese Naturgewalten können auch auf dem Planeten der Ohrenwesen zu finden sein, womit wieder der Bogen zu der Rahmenhandlung gezogen wird.

„Auch auf dem Planeten der Ohrenwesen gibt es Feuer, Wasser, Sturm und andere Gefahren. Heute trainiert ihr, blitzschnell auf Gefahren zu reagieren. Ihr lauft im Kreis, während ich auf die Rahmentrommel schlage und wenn ich 'Feuer' rufe, dann lauft ihr ganz schnell zur Tür. Rufe ich dagegen 'Wasser', so müsst ihr schnell auf etwas hinaufsteigen, z.B. auf die Bank. Bei 'Sturm' legt ihr euch, so schnell ihr könnt, auf den Bauch, damit euch der Sturm nicht wegpustet."

Ablauf Teil I

Eröffnung (Begrüßung der Kinder im „Astronautentrainingscenter", Motivation und Erläuterung des geplanten Ablaufs)

I. Erwärmung
Reaktionslauf

II. Üben an den fünf Stationen

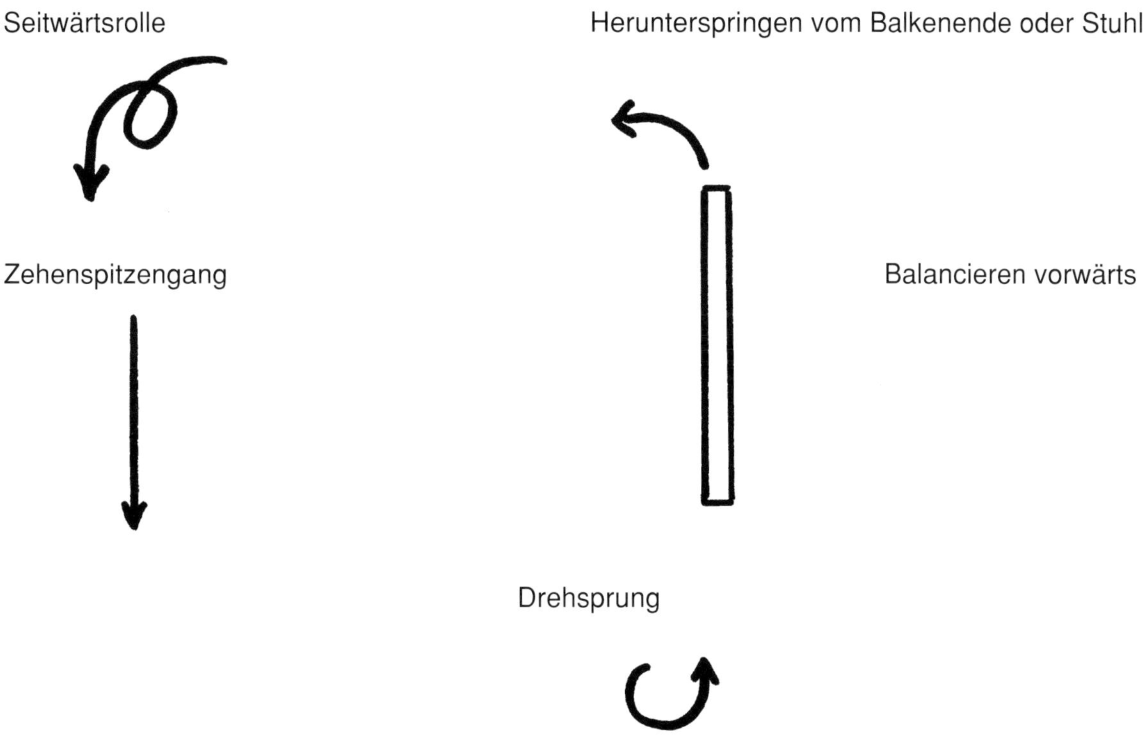

III. Schnelligkeitsspiel: „Fünf Gegenstände"

und Gleichgewichtsübungen
- auf dem rechten Bein stehen
- auf dem linken Bein stehen
- die gleichen Übungen mit geschlossenen Augen

IV. Spiel: Feuer, Wasser, Sturm

Ankreuzen der Übungen in den Astronautenausweisen

8. Astronautenkörpertraining Teil II (Übungen zur grobmotorischen Entwicklung)

Material für Teil II

- Bälle
- Balken zum Balancieren (2 m lang und 10 cm breit, siehe auch Teil I)
- Rahmentrommel, Tamburin oder Ähnliches
- Scheibe von 30 cm Durchmesser, die in 1,5 m Höhe für Zielwerfen an der Tür oder Wand angebracht wird (kann auch Pappkreis oder markierter Kreidekreis sein)
- niedriger Stuhl oder Seil zum Durchkriechen
- Teppichkante, Kreidestrich oder ein weiteres Seil für den Fersengang
- flaches Hindernis (z.B. zwei Kreidestriche, 30 cm breit)
- Astronautenausweise
- Stifte zum Ankreuzen der Übungen in den Astronautenausweisen
- Musik (Radio bzw. Kassettenrecorder oder CD-Player)
- Erfolgsprotokoll

Zusammenfassung

Nach der Eröffnungsphase erfolgt wiederum die Erwärmung in Form eines Reaktionslaufes (siehe Teil I). Die Übungen Einbeinhüpfen und Hopserlauf sollten aus diagnostischer Sicht mit eingebunden sein.

An den fünf Stationen werden folgende Übungen durchgeführt: Balancieren rückwärts, Kriechen, über ein flaches Hindernis springen, Fersengang und Hampelmann.

Anschließend üben die Kinder Werfen, Fangen und Zielwerfen.

Das abschließende Spiel „Bauch an Bauch“ testet und übt die Reaktionsfähigkeit und Schnelligkeit. Um den Bezug zur Geschichte wieder herzustellen, wird den Kindern eine passende Erklärung gegeben (siehe unten).

Vorschlag für die Vorgehensweise beim Spiel „Bauch an Bauch“

„Astronauten, die an einem Weltraumflug teilnehmen, müssen sehr schnell reagieren können, um Gefahren auszuweichen. Außerdem müssen sie gute Partner sein, weil sie aufeinander angewiesen sind. Wir wollen jetzt mal testen, ob ihr schnell reagieren und mit einem Partner gut zusammenspielen könnt.

Solange die Musik erklingt, dürft ihr gemeinsam oder jeder für sich herumlaufen oder tanzen. Wenn die Musik stoppt, müsst ihr ganz schnell einen Partner finden und die Körperteile aneinander halten, die ich nennen werde, z.B. ‘Bauch an Bauch’, ‘Nase an Nase’ oder ‘Po an Po’. Falls ein Kind übrig bleibt, bilden drei Kinder eine Gruppe.“

Kinder, die allein trainieren, können auch aufgefordert werden, nach dem Musikstopp mit einem bestimmten Körperteil den Teppich zu berühren („Achtung, immer wenn die Musik stoppt, sage ich den Namen eines Körperteils; dann musst du ganz schnell mit diesem Körperteil den Teppich berühren“).

Ablauf Teil II

Eröffnung (Begrüßung der Kinder, Motivation und Erläuterung des geplanten Ablaufs)

I. Erwärmung
Reaktionslauf (auch Einbeinhüpfen und Hopserlauf)

II. Üben an den fünf Stationen

Hindernissprung

Hindurchkriechen unter niedrigem Stuhl oder Seil

Fersengang

Balancieren rückwärts

Hampelmann

III. Ballübungen

- Ball werfen
- Ball fangen
- Zielwerfen
- Ball aufgeprellt fangen

IV. Spiel: Bauch an Bauch

Ankreuzen der Übungen in den Astronautenausweisen

Hinweise zur Beobachtung und Durchführung der 25 Einzelaufgaben

Die Kinder sollten während der beiden Übungseinheiten zur grobmotorischen Entwicklung Turnschuhe oder noch besser Socken mit einer Antirutschbeschichtung tragen.

1. Reaktionslauf
Kinder laufen nach vorgegebenem Rhythmus im Kreis und reagieren schnell und korrekt nach vereinbarten Signalen (siehe Zusammenfassung Teil I).

2. Einbeinhüpfen mit dem rechten Bein (anschließend mit dem linken Bein)
Die Kinder sollten das Hüpfen mit dem rechten Bein dreimal bewältigen können, ohne das Gleichgewicht zu verlieren.

3. Hopserlauf
Die Kinder hüpfen abwechselnd mit dem linken und rechten Bein, wobei die Arme entgegengesetzt geschwungen werden. Zu achten ist auf federndes Hüpfen und hochgezogene Knie.

4. Balancieren vorwärts
Die Kinder balancieren mit selbst gewählter Schrittgröße auf einem 2 m langen und 10 cm breiten echten oder aufgemalten Balken. Es kann auch ein Papierstreifen zu diesem Zweck auf dem Boden befestigt werden. Die Aufgabe gilt als gelöst, wenn die Kinder auf dem „Balken" bleiben.

5. Springen vom Balken oder Stuhl
Zu achten ist auf eine federnde Landung.

6. Seitwärtsrolle
Die Kinder liegen ausgestreckt auf der Matte oder Decke. Sie haben die Hände über dem Kopf gefaltet und drehen sich nun um ihre eigene Achse.

7. Zehenspitzengang
Es sollen mindestens 3 m ohne Unterbrechung bewältigt werden. Günstig ist es, die Schuhe auszuziehen. Mehrere Versuche sind erlaubt.

8. Drehsprung
Die Kinder springen aus dem Stand und drehen sich dabei um 180 Grad. Mehrere Versuche sind erlaubt.

9. Spiel: „Fünf Gegenstände"
Fünf Gegenstände (z.B. Schuhe der Kinder) liegen in einem Reifen, einer Schachtel, Kiste oder einer Kreidemarkierung. Der Reihe nach legen die Kinder, so schnell sie können, alle fünf Gegenstände in den anderen Reifen (Kiste ...).

10. Auf dem rechten (anschließend auf dem linken) Bein stehen
Die Kinder werden gebeten, mit herabhängenden Armen und angewinkeltem linken Bein, so lange wie möglich auf dem rechten Bein zu stehen (mindestens 5 Sekunden). Dabei sollte es den Kindern gelingen, das Gleichgewicht zu halten.

11. Mit geschlossenen Augen auf dem rechten (anschließend auf dem linken) Bein stehen
Die Kinder sollten ca. 3 Sekunden, ohne sich festzuhalten, stehen können. Mehrere Versuche sind erlaubt.

12. Feuer, Wasser, Sturm
siehe Zusammenfassung Teil I

13. Balancieren rückwärts
Die Kinder setzen langsam einen Fuß hinter den anderen und legen auf diese Weise 2 m zurück, ohne den 10 cm breiten Balken zu verlassen (Informationen zum Balken siehe Balancieren vorwärts).

14. Kriechen
Die Kinder kriechen unter einem flachen Stuhl oder unter einem Seil hindurch.

15. Schlusssprung aus dem Stand (Hindernissprung)
Ein flaches Hindernis (30-40 cm breit) soll übersprungen werden.

16. Fersengang
8 bis 10 Schritte sollten ohne Unterbrechung erfolgen. Mehrere Versuche sind erlaubt.

17. Hampelmann
Die Beine werden gegrätscht und gleichzeitig müssen die Hände über dem Kopf zusammengeschlagen werden. Anschließend klatschen die Hände gegen die Oberschenkel und die Beine werden zeitgleich geschlossen.
Möglichst dreimal hintereinander sollte diese Bewegungsabfolge ohne Pause möglich sein. Mehrere Versuche sind erlaubt.

18. Ball werfen
Jedes Kind wirft aus 3 m Entfernung dem Erwachsenen den Ball zu. Von 10 Würfen sollten mindestens drei korrekt erfolgen.

19. Ball fangen
Der Erwachsene wirft jedem Kind nacheinander aus 3 m Entfernung den Ball zu. Von 10 Versuchen sollten mindestens drei gelingen.

20. Zielwerfen
Die Kinder werfen nacheinander aus 3 m Entfernung auf eine Scheibe von 30 cm Durchmesser in 1,5 m Höhe. Mehrere Versuche sind erlaubt.

21. Ball aufgeprellt fangen
Aus 3 m Entfernung spielt der Erwachsene den Kindern nacheinander den Ball zu, indem er vorher aufprellt.
Können die Kinder drei von 10 Bällen auffangen, ohne ihn fallen zu lassen?

22. Bauch an Bauch
siehe Zusammenfassung Teil II

Erfolgsprotokoll für die Aufgaben der grobmotorischen Entwicklung

		Name und Alter der teilnehmenden Kinder						
Nr.	**Spiel oder Übung**							**getesteter Bereich**
1	Reaktionslauf							Ausdauer, Reaktions- und Rhythmusfähigkeit, räumliche Orientierung Bewegungsschnelligkeit
2	Einbeinhüpfen mit dem rechten und linken Bein							Kraft, dynamisches Gleichgewicht
3	Hopserlauf							Bewegungskoordination
4	Balancieren vorwärts							dynamisches Gleichgewicht
5	Springen vom Balken oder Stuhl							Bewegungselastizität, Kraft, Kraftdosierung
6	Seitwärtsrolle							Kraft (Glieder- und Rumpfstärke)
7	Zehenspitzengang							dynamisches Gleichgewicht, Kraft, Ausdauer
8	Drehsprung							dynamisches Gleichgewicht
9	Spiel: „Fünf Gegenstände"							Bewegungsschnelligkeit
10	Auf dem rechten (linken) Bein stehen							statisches Gleichgewicht, Kraft, Ausdauer
11	Mit geschlossenen Augen auf dem rechten (linken) Bein stehen							statisches Gleichgewicht, kinästhetische Differenzierung
12	Feuer, Wasser, Sturm							Reaktionsfähigkeit, Schnelligkeit, räumliche Orientierung
13	Balancieren rückwärts							dynamisches Gleichgewicht
14	Kriechen							kinästhetische Differenzierung
15	Schlusssprung aus dem Stand (Hindernissprung)							Bewegungskoordination, Kraft
16	Fersengang							dynamisches Gleichgewicht, Ausdauer, Kraft

© 2004 verlag modernes lernen – Dortmund • aus: Maaß, Bestell-Nr. 1226

		Name und Alter der teilnehmenden Kinder						
Nr.	**Spiel oder Übung**							**getesteter Bereich**
17	Hampelmann							Bewegungskoordination, Kraft
18	Ball werfen							visuo-motorische Koordination
19	Ball fangen							visuo-motorische Koordination
20	Zielwerfen							visuo-motorische Koordination
21	Ball aufgeprellt fangen							Bewegungsgeschicklichkeit
22	Bauch an Bauch							Reaktionsfähigkeit, räumliche Orientierung, Bewegungsschnelligkeit

Beobachtungen: ____

____

____

____

____

____

____

____

____

____

____

____

____

____

____

____

❑ **Kein Kind zeigt im Bereich der grobmotorischen Entwicklung Auffälligkeiten.**

© 2004 verlag modernes lernen – Dortmund • aus: Maaß, Bestell-Nr. 1226

❑ **Folgende Kinder zeigen im Bereich der grobmotorischen Entwicklung leichte Auffälligkeiten, die eine gezielte Beobachtung empfehlenswert machen:** ______________________

❑ **Folgende Kinder zeigen im Bereich der grobmotorischen Entwicklung Auffälligkeiten:** _

Daher sind nachfolgende Fördermaßnahmen angebracht: ______________________

❑ **Folgende Kinder zeigen im Bereich der grobmotorischen Entwicklung Begabungen, die es zu fördern gilt:** ______________________

© 2004 verlag modernes lernen – Dortmund • aus: Maaß, Bestell-Nr. 1226

Erfolgsprotokoll: grobmotorische Entwicklung

(Kurzfassung der Basisaufgaben)

		Name und Alter der teilnehmenden Kinder						
Nr.	**Spiel oder Übung**							**getesteter Bereich**
1	Einbeinhüpfen							Kraft, dynamisches Gleichgewicht
2	Hopserlauf							Bewegungskoordination
3	Balancieren vorwärts							dynamisches Gleichgewicht
4	Springen vom Balken oder Stuhl							Bewegungselastizität, Kraft, Kraftdosierung
5	Zehenspitzengang							dynamisches Gleichgewicht, Kraft, Ausdauer
6	Kriechen							kinästhetische Differenzierung
7	Zielwerfen							visuo-motorische Koordination
8	Mit geschlossenen Augen auf einem Bein stehen							statisches Gleichgewicht, kinästhetische Differenzierung
9	Hampelmann							Bewegungskoordination, Kraft
10	Bauch an Bauch							Reaktionsfähigkeit, räumliche Orientierung, Bewegungsschnelligkeit

Beobachtungen: ____

____

____

____

____

____

____

____

© 2004 verlag modernes lernen – Dortmund • aus: Maaß, Bestell-Nr. 1226

Beispiele für Fördermaßnahmen im grobmotorischen Bereich

Motorisch begabte Kinder können durch zusätzliche sportliche Betätigungen (z.B. beim Kinderturnen, Schwimmen...) gefördert werden. Dabei sind sie natürlich noch auf das Engagement ihrer Eltern angewiesen.
Bei Kindern mit Auffälligkeiten müssen die Fördermaßnahmen dort ansetzen, wo die Schwierigkeiten auftreten. Liegen die Probleme beispielsweise im Bereich der visuellen Koordination, sind Ballspiele und Ballübungen geeignet sowie viele Varianten des Zielwerfens.
Bei starken Auffälligkeiten sollten die Eltern das Kind einem Kinderarzt vorstellen, der dann entscheidet, welche Maßnahmen angebracht sind, z.B. eine Bewegungstherapie, Ergotherapie, Kinderturnen usw.
Schwierigkeiten in der Kraftdosierung sollten besonders ernst genommen werden, da diese oft auch zu Problemen im sozialen Bereich führen können (siehe auch Fördermaßnahmen im taktil-kinästhetischen Bereich).

9. Einzelförderung (nach Bedarf)

Kinder mit Auffälligkeiten im motorischen Bereich haben nun Gelegenheit, speziell gefördert zu werden, indem mit ihnen die für sie schwierigen Übungen in abgewandelter Form wiederholt werden.
Eine andere Möglichkeit wäre, mit allen Kindern Spiele oder Übungen zu wiederholen, die ihnen gut gefielen.
Der Erwachsene kann diese Stunde aber auch für eine gezielte Beobachtung nutzen, um weitere Fördermaßnahmen daraus abzuleiten.

10. Die Geschichte der Raumfahrt (Basisübungen zur Aufmerksamkeitsfähigkeit)

Material

- für jedes Kind ein Blatt Papier
- für jedes Kind einen Fragebogen zum Feststellen von Aufmerksamkeitsproblemen
- Abbildungen einer Rakete und eines Spaceshuttles (zu finden im Buch vor dem Fragebogen zum Feststellen von Aufmerksamkeitsproblemen)
- Beobachtungsbogen
- Luftballons
- Wollfäden zum Zubinden der Luftballons
- Astronautenausweise
- Stifte zum Ankreuzen der Übungen in den Astronautenausweisen

Zusammenfassung

Den Kindern wird in Form einer Geschichte Wissen über den Weltraum und die Raumfahrt vermittelt. Zwischendurch bekommen die Kinder Aufgaben (z.B. ein Papierflugzeug zu falten).
Zum Schluss wird den Kindern ein lustiges Spiel geboten.

Wissensvermittlung

Die Kinder erhalten Informationen über die Geschichte der Raumfahrt. Sie erfahren, wie eine Rakete funktioniert, wie sich das Leben der Astronauten im Weltraum gestaltet und vieles mehr.

Vorgehensweise

Der Erwachsene liest den Kindern die Geschichte der Raumfahrt vor. Zwischendurch werden den Kindern Aufträge erteilt. Diese ermöglichen es dem Erwachsenen, die Kinder daraufhin zu beobachten, inwieweit sie sich von den an die ganze Gruppe gerichteten Aufträgen angesprochen fühlen und inwieweit sie diese Tätigkeiten ausführen, ohne sich ablenken zu lassen.
Auch das Verhalten beim Zuhören während der Geschichte gibt Aufschluss darüber, wer seine Aufmerksamkeit schon über längere Zeit auf den Inhalt der Geschichte lenken kann, wem das Stillsitzen schwer fällt und so weiter.
Günstig ist es, den unten aufgeführten Fragebogen rechtzeitig durchzulesen, um wichtige Beobachtungskriterien zu erkennen. Optimal wäre es, wenn ein Erwachsener die Geschichte vorliest und die Aufträge erteilt, ein anderer Erwachsener dagegen die Situation beobachtet und sich Notizen macht oder eine Videokamera einsetzt.

Die Geschichte der Raumfahrt

„Die Menschen kannten schon immer den Traum vom Fliegen, z.B. zum Mond. Doch sie waren lange Zeit nicht einmal in der Lage, sich überhaupt mit einem Fluggerät fortzubewegen.
Vor über 550 Jahren wurde der italienische Maler Leonardo da Vinci geboren. Er zeichnete unter anderem auch Entwürfe für Flugmaschinen. Eine seiner Flugmaschinen hatte große Schlagflügel und sah einem Vogel ähnlich. Ausprobieren konnte er seine Erfindung allerdings nicht, da ihm ein wichtiger Teil fehlte – der Motor.
Bis dann tatsächlich flugtaugliche Geräte gebaut wurden, vergingen Hunderte von Jahren.
Es waren zwei Brüder (die Brüder Wright), die vor mehr als hundert Jahren zum ersten Mal mit einem Motorflugzeug flogen.
Die Flugzeuge wurden immer besser, immer schneller und immer bequemer, so dass inzwischen viele Menschen darin weite Strecken zurücklegen können, z.B. von Deutschland bis nach Amerika."

1. Auftrag an die Kinder:
„Faltet aus einem Zeichenblatt ein Flugzeug und lasst es fliegen!

Den Traum vom Flug zum Mond konnten die Menschen sich mit einem Flugzeug aber nicht erfüllen. Warum nicht?
Zum einen brauchen Flugzeuge zum Fliegen Luft, die sich unter die Tragflächen setzt und das Flugzeug gleiten lässt. Im Weltall aber gibt es keine Luft.

Außerdem gab es noch ein weiteres Problem.
Die Erde besitzt eine Anziehungskraft, nämlich die Schwerkraft, die wie ein riesiger Magnet wirkt. Das merkt ihr daran, dass fast alles, was man aus einiger Höhe loslässt, herunterfällt. Diese unsichtbare Kraft zieht alles in Richtung Erdmittelpunkt."

2. Auftrag an die Kinder:
„Sucht einen geeigneten Gegenstand, der nicht zerbricht und lasst ihn fallen!

Die Schwerkraft macht, dass alles da bleibt, wo es ist. Um dieser Kraft zu entfliehen, muss man wahnsinnig schnell sein, viel schneller als ein Flugzeug.
Die Menschen erfanden die Rakete.
Ihr Treibstoff – so etwas wie Benzin – verbrennt und dabei bilden sich heiße Gase. Die kommen aus dem Triebwerk unten heraus und treiben die Rakete in die entgegengesetzte Richtung. Das nennt man Schubkraft. Nach demselben Prinzip funktioniert das folgende kleine Experiment."

3. Auftrag an die Kinder:
„Nehmt einen Luftballon, pustet ihn auf und lasst ihn dann schnell los!"

Nach einer Weile: „Wenn ihr das mehrere Male ausprobiert habt, bringt ihr den Luftballon bitte aufgepustet zum Zubinden her.
Die Luftballons sind in die Höhe geschossen wie eine Rakete.
Der erste Mensch, der in das Weltall flog, war ein Russe mit dem Namen Juri Gagarin. Die Russen nennen ihre Weltraumfahrer übrigens Kosmonauten.
Den Amerikanern gelang es dann ein paar Jahre später, die ersten Menschen auf dem Mond landen zu lassen. Das war ein riesiges Erlebnis für die Menschen. Überall auf der Welt verfolgten sie vor den Fernsehgeräten dieses Ereignis (Abbildung der Rakete zeigen).
So etwa sah die Rakete aus, mit der die ersten Menschen auf den Mond flogen. Raketen haben aber einen Nachteil: Sie fliegen nur einmal, daher verwendeten die Amerikaner etwas später Raumfähren, die man immer wieder benutzen kann, so genannte Spaceshuttles (Abbildung zeigen). Ein Spaceshuttle ist ein Raketenflugzeug. Neben der Kabine für die Astronauten gehören zwei Raketen und ein Treibstofftank dazu. Die zwei Raketen trennen sich nach dem Start ab. Die Raumfähre kann dann bei der Rückkehr wie ein normales Flugzeug auf der Erde landen und immer wieder verwendet werden.
Schließlich bauten Russen und Amerikaner auch Weltraumstationen. Dort leben Menschen eine Zeit lang im Weltraum, um Untersuchungen durchzuführen.
Wie beim Flug im Raumschiff erleben die Menschen auch dort die Schwerelosigkeit. Das heißt, dass alles, was man loslässt, nicht herunterfällt. Vielmehr schwebt alles herum, was nicht festgeschraubt oder angeschnallt ist, auch die Menschen.
Getränke fliegen als flüssiger Ball durch die Gegend.
Die Astronauten trinken daher aus einem geschlossenen Behälter mit einem Trinkhalm.
Essen muss klebrig sein, damit es am Löffel haften bleibt und nicht herumfliegt. Es befindet sich in Tuben und Dosen. Sie essen auch Nüsse und Brot.

Weltraumflüge sind nicht ganz ungefährlich. Dazu müsst ihr Folgendes wissen: Die Erde ist von einer durchsichtigen Lufthülle umgeben – wie von einer Schutzschicht. Das ist die Erdatmosphäre. Sie besteht aus mehreren Schichten. Wenn Fremdkörper aus dem Weltall, z.B. Gesteinsbrocken – so genannte Meteoriten – auf die Erde zurasen, werden sie meist von der Schutzschicht abgefangen und verglühen dort. Auch ein Raumschiff, also eine Rakete oder eine Raumfähre, würde beim Wiedereintritt in die Erdatmosphäre verglühen, wenn es nicht einen gut funktionierenden Schutzschild aus Keramikkacheln besäße."

Abschließendes Spiel:
Ball aus dem All
Die aufgepusteten Luftballons werden auf eine Seite des Zimmers gelegt und ein oder zwei Kinder (Luftballonwerfer) stehen daneben.
Die übrigen Kinder stellen sich in einer Linie auf und fassen sich an.
„Ihr seid jetzt die Schutzhülle der Erde. Und jeder Luftballon, der gleich eintreffen wird, ist aus Spaß ein Felsklumpen – rund wie ein Ball. Deshalb der Name: Ball aus dem All.
Ihr dürft auf keinen Fall einen dieser Felsbälle durchlassen. Passiert es trotzdem, so müssen die beiden äußeren Kinder loslassen und den Ball zerstören, indem sie auf ihn treten, bis er zerplatzt."
Nach einer Weile werden die Rollen gewechselt.

Ankreuzen der durchgeführten Übungen in den Astronautenausweisen

© 2004 verlag modernes lernen – Dortmund • aus: Maaß, Bestell-Nr. 1226

© 2004 verlag modernes lernen – Dortmund • aus: Maaß, Bestell-Nr. 1226

Fragebogen zur Feststellung von Aufmerksamkeitsproblemen:

Name des Kindes: ______________________________

Alter des Kindes: ______________________________

Nr.	Das Kind	stimmt	stimmt nicht	stimmt manch-mal
1	macht oft den Eindruck, nicht zuzuhören, wenn man mit ihm redet			
2	führt Aufträge meist nicht vollständig aus			
3	vermeidet gern Bereiche, die länger anhaltende geistige Anstrengungen erfordern			
4	lässt sich oft ablenken durch äußere Reize			
5	kann nicht stillsitzen			
6	kann nur schwer abwarten, bis es an der Reihe ist			
7	spielt und arbeitet oft plan- und strategielos			
8	reagiert sofort auf jeden interessanten Reiz, auch wenn etwas anderes erwartet wird (beim Essen aufspringen...)			
9	handelt fast immer vorschnell, impulsiv			
10	ist oft vergesslich.			

Beobachtungshinweise:
Diese Fragen dienen als Grundlage für eine gezielte Beobachtung über einen längeren Zeitraum. Wenn die Mehrzahl der Fragen mit „stimmt“ beantwortet wurde, sollte dem Kind verstärkte Aufmerksamkeit gewidmet werden. Eltern und Betreuer müssten gemeinsam über Fördermaßnahmen beraten.

© 2004 verlag modernes lernen – Dortmund • aus: Maaß, Bestell-Nr. 1226

Beobachtungen im Bereich der Aufmerksamkeit: ______________________________

❏ **Kein Kind zeigt Auffälligkeiten im Bereich der Aufmerksamkeit.**

❏ **Folgende Kinder zeigen leichte Aufmerksamkeitsprobleme, die eine gezielte Beobachtung empfehlenswert machen:** ______________________________

❏ **Folgende Kinder zeigen Aufmerksamkeitsprobleme:** ______________________________

Daher sind nachfolgende Fördermaßnahmen angebracht: ______________________________

© 2004 verlag modernes lernen – Dortmund • aus: Maaß, Bestell-Nr. 1226

Beispiele für Fördermaßnahmen im Bereich der Aufmerksamkeitsentwicklung

- Geeignet sind alle Spiele, die ein strategisches Vorgehen notwendig machen (z.B. „Differix" von Ravensburger oder „Vier gewinnt" ...).
- Dem Kind sollte vor Spielbeginn immer wieder verbal demonstriert werden, wie man vorgehen kann (z.B.: „Was ist hier meine Aufgabe? Wie gehe ich hier am besten vor?" ...).
- Das Kind soll insgesamt lernen, seine Reaktionen bewusster zu kontrollieren und zu verzögern. Es soll möglichst erst nachdenken, bevor es handelt, damit wird der Aspekt der Impulsivität, der oft mit Aufmerksamkeitsproblemen einhergeht, berücksichtigt.
- Kinder mit Aufmerksamkeitsproblemen haben meist Schwierigkeiten, wenn es darum geht, dem Hauptreiz zu folgen. Daher sind Übungen für die visuelle und auditive Figur-Grundwahrnehmung, in der Art, wie sie in den betroffenen Übungseinheiten vorgeschlagen werden, angebracht.

11. Dem Ohri unsere Welt erklären (Basisübungen zur sprachlichen Entwicklung)

Material
- Astronautenausweise
- Zeichenblätter
- Malstifte
- Decke, Matte oder Ähnliches als „Insel“
- Musik
- Kuscheltier mit angehefteten großen Pappohren als „Ohri“
- Bogen zur Einschätzung der sprachlichen Kompetenzen
- Abbildung der Erde (zu finden im Buch vor dem Bogen zur Einschätzung der sprachlichen Kompetenzen)

Zusammenfassung
Diese Übungseinheit besteht aus drei Teilen. Im ersten Teil erklären die Kinder dem „Ohri“ Begriffe, danach erfahren sie Wissenswertes über unseren Planeten, malen Bilder über etwas aus ihrem Leben und erzählen dem „Ohri“ davon.
Zum Schluss haben sie wieder Gelegenheit, sich bei einem abschließenden Spiel motorisch zu „verausgaben“.

Wissensvermittlung
Die Kinder erhalten einige interessante Informationen über unseren Planeten – die Erde.

Vorgehensweise
Die Vorgehensweise ergibt sich wieder aus den Hinweisen zu den Einzelaufgaben.

Hinweise zu den Einzelaufgaben

1. Was ist das?
Bei diesem Spiel sitzen die Kinder im Kreis. Der Erwachsene sagt:
„Wir haben heute Besuch. Unser Ohri hier kennt die Erde nicht besonders gut. Er hat viele Fragen über Dinge, von denen er gehört hat. Das Kind, welchem ich zuzwinkere, darf dem Ohri etwas erklären.“
Nacheinander kommt jedes Kind mindestens zweimal an die Reihe. Die Kinder sollen folgende Begriffe erklären:
- Schuh, Jacke, Ei, Hund, Stuhl, Apfel, Handtuch, Freund, Streiten, Haus, Geschwister, Wasserhahn, Hahn, Bilderbuch ...

2. Bildergeschichten
Der Erwachsene zeigt die Abbildung der Erde:
„Lieber Ohri, ich habe hier ein Bild von unserer Erde und ich will dir etwas über sie erzählen.
Unsere Erde war nicht immer da. Sie ist aus vielen Staubteilchen, Gestein und Gasen entstanden, die die Sonne umkreisten und sich zu einer glühend heißen Kugel zusammenballten. Ganz allmählich kühlte sich diese Kugel ab. Außen bildete sich eine feste Kruste, auf der wir heute leben. Unter dieser Kruste befinden sich mehrere Schichten. Um einen festen inneren Erdkern herum ist es noch immer flüssig und heiß.

Erst war gar kein Leben auf der Erde, dann entwickelten sich Pflanzen und Tiere und ganz zum Schluss die Menschen.
Es gibt viel Wasser. Die Menschen wohnen auf verschiedenen riesigen Landstücken, die wir Erdteile oder Kontinente nennen.
Unsere Erde umkreist die Sonne, weil die Sonne eine starke Anziehungskraft besitzt. Die Erde selbst hat, wie ihr ja schon wisst, auch eine Anziehungskraft, daher zieht der Mond seine Bahn um sie.
Einmal am Tag dreht sich die Erde um sich selbst, deshalb strahlt die Sonne immer nur eine Seite der Erde an, dort ist es dann heller Tag. Auf der anderen, nicht angestrahlten Seite, ist zur selben Zeit Nacht. Unsere Erde ist ein ganz besonderer Planet. Im Gegensatz zum Planeten der Ohrenwesen, der ja nur in unserer Phantasie existiert, gibt die Erde als einziger Planet unseres Sonnensystems dem Leben wunderbare Bedingungen. Die Erdatmosphäre schützt uns vor schädlichen Strahlen aus dem All und vor den meisten Fremdkörpern, die aus dem All in Richtung Erde rasen. Sie verglühen in dieser Schicht.
Es gibt Luft zum Atmen, meist angenehme Temperaturen und Wasser. Darum fühlen wir uns hier so wohl.
Nun bitte ich euch, ein Bild für unseren Ohri über etwas aus eurem Leben zu malen und ihm das Bild danach zu erklären."
Die Kinder, die zuerst fertig sind, können schon den Anfang machen und dem „Ohri" etwas erzählen. Der Erwachsene sollte anhand der nachfolgenden Auswertungskriterien versuchen, die sprachliche Entwicklung des erzählenden Kindes zu beurteilen. Gelingt das nicht, kann die Beobachtung des Sprachverhaltens und -vermögens auch zu einem anderen Zeitpunkt fortgesetzt werden.

Beobachtungshinweise
Eine Einschätzung der sprachlichen Fähigkeiten von Kindern im Alter von ca. 5 – 6 Jahren kann mit Hilfe folgender Kriterien vorgenommen werden:
Das Kind
- benutzt keine Babysprache mehr (keine infantilen Sprachformen),
- spricht auch in der Vergangenheit,
- verwendet die Mehrzahl,
- benutzt in seinen Sätzen oft mindestens fünf Wörter,
- ist in der Lage, zu 90% allgemeinverständlich zu sprechen,
- kann Wörter definieren (siehe Spiel: „Was ist das?") und verwendet dabei oft mehr als nur ein Merkmal, z.B. „Einen Schuh trägt man am Fuß, damit man nicht friert",
- erzählt phantasievolle Geschichten,
- kennt Oberbegriffe (siehe Spiel: „Auf die Insel").

3. Abschließendes Spiel:
Auf die Insel
Der Erwachsene flüstert jedem Kind ins Ohr, was es im Spiel sein soll (z.B.: „Du bist eine Kuh" oder „Du bist das Blau" ...).
Die Kinder laufen, hüpfen oder tanzen – von Musik begleitet – hintereinander im Kreis um die Insel herum. Die Musik verstummt und der Erwachsene ruft: „Alle Tiere (oder Farben, Obstsorten und so weiter) auf die Insel".
Die jeweiligen Kinder springen schnell auf die Decke oder Matte. Dann geht es wieder von vorne los.

Ankreuzen der durchgeführten Übungen in den Astronautenausweisen

© 2004 verlag modernes lernen – Dortmund • aus: Maaß, Bestell-Nr. 1226

Einschätzung der sprachlichen Kompetenzen:

Beobachtungen: ____________________

❑ Kein Kind zeigt in seiner sprachlichen Entwicklung Auffälligkeiten.

❑ Folgende Kinder zeigen in ihrer sprachlichen Entwicklung leichte Auffälligkeiten, die eine gezielte Beobachtung empfehlenswert machen: ____________________

❑ Folgende Kinder zeigen in ihrer sprachlichen Entwicklung Auffälligkeiten: ____________________

Daher sind nachfolgende Fördermaßnahmen angebracht: ____________________

❑ Folgende Kinder zeigen in ihrer sprachlichen Entwicklung Begabungen, die es zu fördern gilt: ____________________

© 2004 verlag modernes lernen – Dortmund • aus: Maaß, Bestell-Nr. 1226

Beispiele für Fördermaßnahmen im Bereich der sprachlichen Entwicklung

Bei Auffälligkeiten im sprachlichen Bereich sollten die Eltern eine Logopädin zu Rate ziehen. Besonders die Behandlung von Sprachstörungen, wie z.B. das Stammeln, Stottern und Lispeln, muss einer logopädisch geschulten Fachkraft vorbehalten bleiben.
Eltern und Erzieher können die logopädischen Bemühungen unterstützen durch Maßnahmen wie diese:

- Die Kinder erzählen Geschichten nach.
- Sie berichten über Erlebnisse.
- Sie versuchen, Bildgeschichten zu erfassen und darüber zu sprechen.
- Sie erfinden Rätsel, die sie zum Beschreiben von Gegenständen zwingen.
- Auch das Finden von Reimen zu vorgegebenen Wörtern unterstützt die Spracherziehung.
- Die Kinder versuchen, den Inhalt von Filmen oder Geschichten auf Hörkassetten wiederzugeben ...

12. Weißt du noch? (Basisübungen zur Gedächtnisentwicklung)

Material
- Astronautenausweise
- Stifte zum Ankreuzen der Übungen in den Astronautenausweisen
- Tablett mit verschiedenen Gegenständen
- Tuch
- Bogen zur Einschätzung der Gedächtnisleistungen

Zusammenfassung
In vier Spielen werden Gedächtnisleistungen geübt und geprüft.

Vorgehensweise
1. Mutschangowörter wiederholen
Dieses Spiel prüft das auditive Kurzzeitgedächtnis. Der Erwachsene sagt ein ausgedachtes Wort (z.B.: „Bli-ma-ro", „Ta-ni-da", „He-di-mol" ...) und bittet immer ein anderes Kind darum, das Wort nachzusprechen.
Beobachtungshinweise
Dreisilbige (auch sinnlose) Wörter sollten die Kinder sich spätestens nach mehreren Versuchen merken können.
Variation:
Die Kinder denken sich selbst „Mutschangowörter" aus und lassen sie von anderen Kindern wiederholen.

2. „Ich packe meinen Astronautenkoffer und lege hinein ..."
Dieses altbekannte und etwas abgewandelte Spiel kontrolliert und schult das auditive Gedächtnis. Alle Mitspieler sitzen im Kreis. Der Erwachsene beginnt, indem er sagt, welchen Gegenstand er in den Koffer legt. Das Kind neben ihm wiederholt den Satz und fügt noch einen Begriff hinzu, das nächste Kind macht es ebenso und die Wörterschlange wird immer länger. Kinder, die etwas vergessen haben, müssen ausscheiden.

3. Kim-Spiel
Ein Tablett mit vier Gegenständen steht vor den Kindern. Sie sollen sich die Gegenstände genau ansehen und merken. Dann wird das Tablett mit einem Tuch abgedeckt. Der Erwachsene lässt sich von den Kindern ins Ohr flüstern, was unter dem Tuch verborgen ist. Die Gegenstände werden ausgetauscht und die nächste Runde beginnt.
Beobachtungshinweise
Wer kann sich nach einer Proberunde sofort an alle Gegenstände erinnern? Wer hat Probleme, mindestens zwei Gegenstände zu nennen? Werden die Ergebnisse wegen des Lerneffekts von Runde zu Runde besser oder nehmen die Fehler zu, weil die Belastbarkeitsgrenze erreicht ist und das Kind sich nicht mehr konzentrieren kann?
Variationen:
- Die Anzahl der Gegenstände wird erhöht.
- Es wird – für die Kinder nicht sichtbar – ein Gegenstand unter dem Tuch weggenommen. Können die Kinder sagen, was fehlt, wenn das Tuch nun weggezogen wird?

4. Abschließendes Spiel:
So viele Aufträge
„Ich gebe euch jetzt zwei Aufträge, die ihr euch merken und gleich ausführen sollt: Schaut aus dem Fenster und prüft, wie das Wetter ist. Dann geht ihr bitte zur Tür."
Während die Kinder die beiden Aufträge schnell ausführen, denkt sich der Erwachsene einen „Dreier-Auftrag" aus (z.B.: „Setzt euch im Schneidersitz hin, zieht eine Grimasse und schaukelt im Sitzen hin und her"). Danach darf jeweils ein Kind die Aufgabe übernehmen, einen „Dreierauftrag" und später einen „Viererauftrag" auszurufen.
Beobachtungshinweise
Bei diesem Spiel ist die Gedächtnisleistung besonders eng mit der Aufmerksamkeit und der auditiven Wahrnehmung verflochten, daher können Fehler zustande kommen, die nicht zwangsläufig aus einem Problem im Gedächtnisbereich resultieren.
Variation:
„Könnt ihr euch auch einen „Fünferauftrag" merken?"

Ankreuzen der durchgeführten Übungen in den Astronautenausweisen

Einschätzung der Gedächtnisleistungen:

Beobachtungen: ______________________________

____

____

____

____

____

____

❑ **Kein Kind zeigt bei seinen Gedächtnisleistungen Auffälligkeiten.**

❑ **Folgende Kinder zeigen bei ihren Gedächtnisleistungen leichte Auffälligkeiten, die eine gezielte Beobachtung empfehlenswert machen:** ______________________________

____

____

____

❑ **Folgende Kinder zeigen bei ihren Gedächtnisleistungen Auffälligkeiten:** ______________

____

____

____

Daher sind nachfolgende Fördermaßnahmen angebracht: ______________________________

____

____

____

____

❑ **Folgende Kinder zeigen bei ihren Gedächtnisleistungen Begabungen, die es zu fördern gilt:** ______________________________

____

____

____

____

© 2004 verlag modernes lernen – Dortmund • aus: Maaß, Bestell-Nr. 1226

Beispiele für Fördermaßnahmen im Bereich der Gedächtnisleistungen

Gedächtnisleistungen können durch spielerische Übungen gesteigert werden. Dabei sollten die Kinder mit möglichst vielen Sinneskanälen die Informationen aufnehmen können. Der Phantasie des Erwachsenen sind hierbei keine Grenzen gesetzt. Besonders geeignet sind z.B.:

- Kimspiele
- Memory-Spiele
- Spiel: „Etwas wird verändert."
  Die Kinder sitzen im Kreis, während ein Kind den Raum verlässt. Nun werden Veränderungen vorgenommen. Zwei Kinder tauschen den Platz oder ein Kleidungsstück. Es kann auch im Raum eine Veränderung stattfinden, indem ein Bild von der Wand genommen wird oder Ähnliches.
- Die Kinder erzählen eine Geschichte nach und versuchen, bestimmte Fragen zum Inhalt der Geschichte zu beantworten.

13. Einzelförderung (nach Bedarf)

An dieser Stelle besteht wieder die Möglichkeit, bereits durchgeführte oder abgewandelte Übungen zu wiederholen. Der Erwachsene hat andererseits die Gelegenheit, diagnostische Beobachtungen bei einzelnen Kindern durchzuführen.

Dieser Baustein kann aber auch genutzt werden, um situationsabhängig die Kinder mit einem kleinen Höhepunkt zum Thema Weltall oder Raumfahrt zu überraschen. Vielleicht ist der Besuch eines Planetariums möglich oder die Kinder basteln eine kleine Rakete.

14. Die Ohrischule (Basisübungen zum produktiven Denken Teil I)

Material

- Astronautenausweise
- Erfolgsprotokoll
- Kuscheltier mit angehefteten großen Papp- oder Papierohren („Ohri")
- Zahnbürste, Bleistift, Baustein, Löffel, Tasse, Mütze, Beutel, Handtuch, Waschlappen, Seife...
- Gegenstände für das Spiel „Gegensätze", z.B.: Zitrone (sauer), Tute (oder ein anderer lauter Gegenstand), Baustein (eckig), Watte (oder etwas anderes Weiches) ...
- Scheren
- für jedes Kind ein Arbeitsblatt mit der Bildgeschichte (siehe Kopiervorlage **14-1**)
- Malblätter und Stifte
- Beutel mit kleineren Gegenständen, von denen je zwei ein Paar bilden (z.B. Birne und Apfel, zwei verschiedene Spielkarten, Zahnbürste und Zahnputzbecher ...)

Zusammenfassung

In dieser Übungseinheit werden sechs Spiele und Übungen durchgeführt, die das produktive Denken testen und fördern, vier weitere Spiele erfolgen zu dem gleichen Thema in der darauf folgenden Übungseinheit.

Vorgehensweise

Der bereits bekannte „Ohri" (Kuscheltier mit großen Ohren) besucht wieder die Kinder und sitzt zwischen den anderen Kindern auf einem Stuhl im Kreis. Er kennt unsere Welt immer noch nicht gut und muss vieles erklärt bekommen. Diese Aufgabe übernehmen die Kinder als seine Lehrer.
Das weitere methodische Vorgehen ergibt sich aus den Hinweisen zu den Einzelaufgaben.

Hinweise zu den Einzelaufgaben

1. Wozu braucht man das?

Jedes Kind erhält der Reihe nach vom Erwachsenen einen Gegenstand. Die Aufgabe der Kinder wird es sein, dem Ohri zu erklären, wozu man die Gegenstände benötigt, z.B.: „Die Zahnbürste braucht man zum Zähneputzen, damit die Zähne gesund bleiben."
Doch zunächst übernimmt der Erwachsene die erste Gegenstanderklärung, um den Kindern zu demonstrieren, worauf es ankommt.
Folgende Gegenstände sollen verwendet werden: Zahnbürste, Bleistift, Baustein, Löffel, Tasse, Mütze, Beutel, Handtuch, Waschlappen, Seife ...
Wenn alle Kinder an der Reihe waren, wird das Spiel in der nächsten Runde erschwert, da die Kinder den zu erklärenden Gegenstand nicht mehr in die Hand bekommen. Stattdessen flüstert der Erwachsene dem jeweiligen Kind den Begriff ins Ohr.
Folgende Begriffe werden ins Ohr geflüstert: Schere, Messer, Teller, Kanne, Stuhl, Tisch, Schrank, Treppe, Haus, Tür, Fenster ...

Beobachtungshinweise

Es kommt nicht so sehr darauf an, ob das Kind alle Begriffe kennt, denn das ist eine Frage des allgemeinen Wissens. Vielmehr sollte das Kind in der Lage sein, funktionale Beziehungen zu verstehen. Kennt das Kind also einen Begriff nicht, so versucht man es mit einem anderen, dem Kind vertrauten, Begriff. Ist das Kind in der Lage zu sagen, wozu man den Gegenstand verwendet, ist die Aufgabe gelöst.

2. Was passiert, wenn ...?
„Ihr wisst, wenn man etwas macht oder nicht macht, dann hat das oft Folgen. Wir wollen jetzt mal ein Quiz spielen: Was passiert, wenn ...?
Unser Ohri wird als Erster anfangen und euch zeigen wie es geht, denn die erste Frage kann er am besten beantworten.
Also, lieber Ohri (der Erwachsene nimmt ihn auf den Arm), was passiert, wenn ein Ohri im Garten sein Fahrrad repariert und danach vergisst, das Werkzeug wegzuräumen?"
Der Erwachsene antwortet für den Ohri mit verstellter Stimme: „Die Mutschangos fressen es auf".
Nun sind die Kinder an der Reihe. Sie flüstern dem Erwachsenen die Antwort auf folgende Fragen ins Ohr.
Was passiert, wenn:
- ein Kind im Winter ohne Jacke draußen spielt,
- die Mutti Essen auf dem Herd hat und vergisst, den Herd auszuschalten,
- ein Kind sich nie die Zähne putzt,
- das Fenster im Winter nachts nicht geschlossen wird,
- man mit Feuer spielt und die Flammen nicht löscht? ...

Beobachtungshinweise
Gelingt es dem Kind, vorausschauend zu denken? Wenn ein Kind bei einem Situationsbeispiel Schwierigkeiten hat, kann der Erfahrungsbereich des Kindes auf diesem Gebiet möglicherweise eingeschränkt sein und das Kind sollte eine andere Situation weiterführen dürfen.

3. Gegensätze
Der Erwachsene zeigt einen Bleistift und sagt:
„Wir wollen Ohri erklären, was Gegensätze sind. Der Bleistift ist dünn. Jetzt suche ich das Gegenteil."
Er läuft im Raum herum und nimmt einen Gegenstand, den man als dick bezeichnen kann, in die Hand (z.B. eine Matroschka).
„Jetzt hab' ich es: Der Bleistift ist dünn und die Matroschka ist dick."
Den Kindern werden nacheinander folgende Gegenstände gezeigt: Zitrone (sauer), Tute (oder ein anderer lauter Gegenstand), Baustein (eckig), Watte (oder etwas anderes Weiches)...Die Kinder suchen jeweils im Raum nach einem Gegenstand, der dem Gezeigten gegenüber etwas Gegensätzliches darstellt. Wer nichts findet, darf dem Erwachsenen auch den passenden Begriff ins Ohr flüstern.

Beobachtungshinweise
Ein Kind, das bei dieser Aufgabe nicht erfolgreich war, hatte vielleicht keine Vorstellung davon, wo ein bestimmter Gegenstand zu finden ist. Oder andere Kinder waren einfach schneller. Daher muss das Kind die Chance erhalten, ebenfalls zu beweisen, dass es versteht, was Gegensätze sind. Der Erwachsene fragt es z.B.:
„Hör gut zu und antworte schnell:
- Ein Stein ist hart – Watte ist ...?
- Ein Flugzeug ist laut – ein Wecker tickt ...?
- Die Sonne brennt heiß – das Eis ist ...?
- Der Zug ist schnell – die Schnecke ist ...?"

4. Quatschgeschichte
Der Erwachsene liest die nachfolgende Geschichte vor, die Sinnwidrigkeiten enthält, die die Kinder aufdecken müssen. Sie stehen jedes Mal auf, wenn ihnen ein „Fehler" auffällt.
„Ein alter Traum der Menschen war es, auf den Mond zu fliegen. Vor ein paar Jahren bauten sie sich daher eine Riesenkanone und ließen sich damit hochschießen. Als sie auf dem Mond gelandet waren, aßen sie sich tüchtig satt, denn er bestand – wie nicht anders zu erwarten – aus Käse.
Sie fotografierten die Mondoberfläche und funkten zur Erde, was sie sahen. Die Astroliten trugen Schutzanzüge und Helme..."

Beobachtungshinweise
Ist das Kind in der Lage, Sinnwidrigkeiten zu erkennen? Kinder, die sich nur an den anderen orientieren, kann man später individuell befragen, um festzustellen, ob auch sie selbständig auf Fehler stoßen.

5. Bildgeschichte ordnen
„Wir wollen unserem Ohri mit einer Bildgeschichte zeigen, wie ein Vogelnest aussieht und was dort so passiert. Aber leider hat der Zeichner nicht ganz aufgepasst. Seht ihr, hier stimmt ja etwas nicht. Helft mir bitte, die Arbeitsblätter zu zerschneiden und in der richtigen Reihenfolge wieder zusammenzulegen.
Jedes Kind erhält ein Arbeitsblatt (**14-1**) und eine Schere. Sie schneiden auf den Linien entlang, so dass vier Teile vor ihnen liegen. Dann versuchen sie, die Teile ihrer Reihenfolge entsprechend zu ordnen.
Beobachtungshinweise
Wer hat allein oder mit etwas Hilfe die richtige Reihenfolge gefunden? Wenn ein Kind Probleme bei dieser Aufgabe hat, sollte der Erwachsene ihm individuell die Aufgabenstellung noch einmal erklären und beobachten, wie das Kind vorgeht. Legt es die Reihenfolge der Bilder willkürlich fest, um schnell fertig zu werden oder geht es systematisch vor?

6. Abschließendes Spiel:
Partner finden
Der Erwachsene hat einen Beutel voller kleinerer Gegenstände, von denen je zwei zusammengehören, also ein Paar bilden (z.B. Zahnbürste und Becher, zwei verschiedene Karten, Birne und Apfel ...). Die Kinder sitzen im Schneidersitz im Kreis (mit dem Rücken zur Kreismitte). Der Erwachsene lässt jedes Kind aus dem Beutel einen Gegenstand so herausnehmen, dass die anderen nicht sehen können, was es ist.
Auf ein Zeichen hin beginnen die Kinder, so schnell sie können, ihren Partner zu finden, also jenes Kind, welches den passenden Gegenstand besitzt. Sie bilden ein Paar und fassen sich an. Anschließend werden die Gegenstände eingesammelt und neu verteilt.
Beobachtungshinweise
Es geht um das Zuordnen von Dingen. Aufgrund des turbulenten spielerischen Treibens wird es kaum möglich sein, für jedes Kind eine diagnostische Bewertung zu treffen. Daher sollten Kinder, bei denen eine Beurteilung schwer fällt, später noch einmal individuell beobachtet werden, wenn sie versuchen, aus einem Sammelsurium von Gegenständen Paare zu finden.

Ankreuzen der durchgeführten Übungen in den Astronautenausweisen

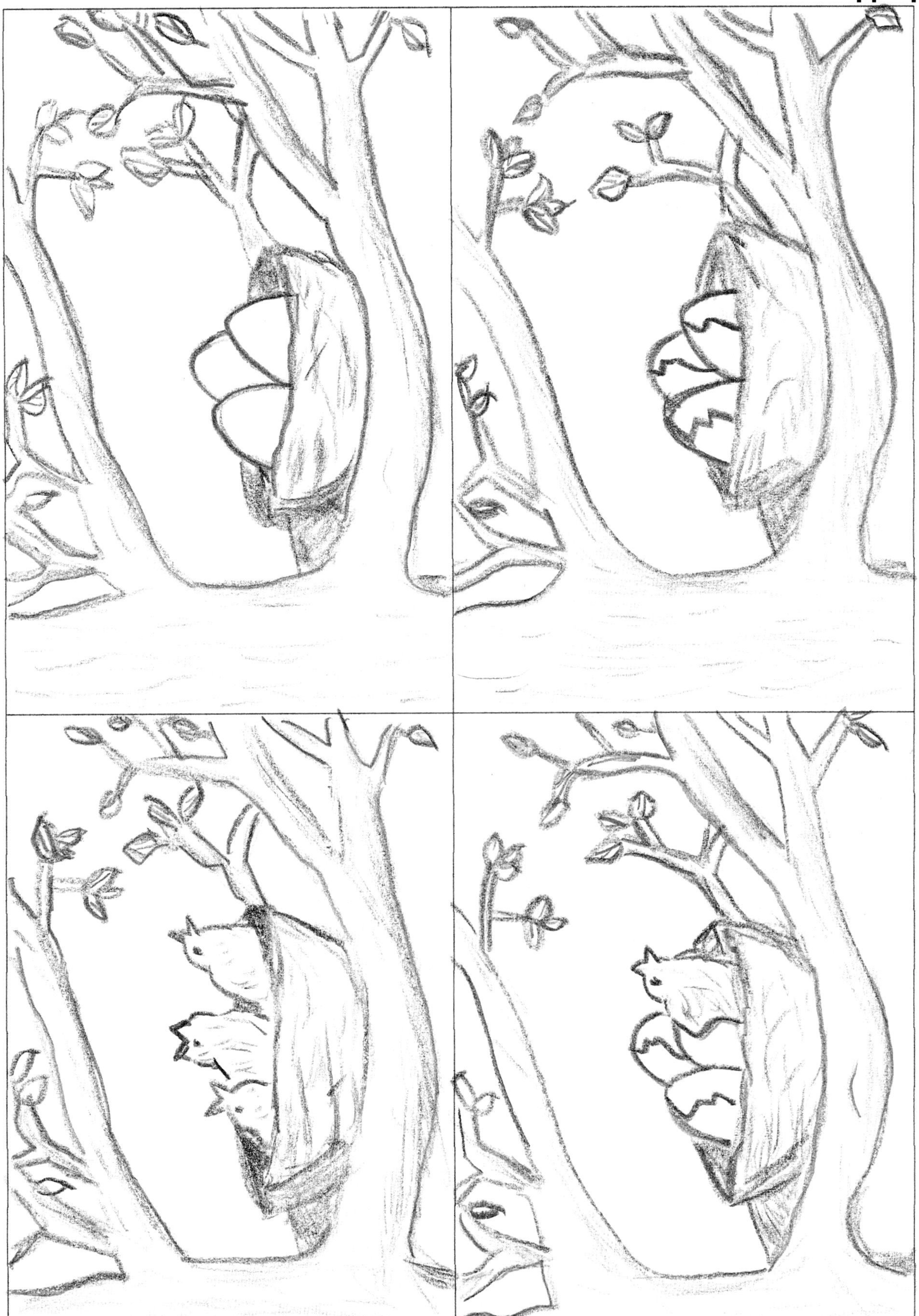

© 2004 verlag modernes lernen – Dortmund • aus: Maaß, Bestell-Nr. 1226

15. Ball, Tasche, Kanne (Basisübungen zum produktiven Denken Teil II)

Mit Hilfe der folgenden Matrizenaufgaben wird ein Teil des induktiven Denkens getestet und gefördert. Es ist mit einem Kurzlerneffekt zu rechnen, d.h. auch ein Kind, das anfangs keine sinnvolle Ergänzung der Reihe finden kann, lernt, indem es durch sanfte Führung die dahinter stehende Strategie versteht und in den folgenden Aufgaben anwendet.

Material

- für jedes Kind möglichst ein anderes Matrizenblatt (siehe Kopiervorlagen **15-1** bis **15-9**)
- Scheren
- Malstifte (darunter mehrere gelbe, grüne und rote Stifte)
- für jedes Kind ein Arbeitsblatt: Formen (siehe Kopiervorlagen **15-10**)
- für jedes Kind eine Büroklammer
- eine vorbereitete Skizze für das Spiel „Kindermuster legen" oder mehrere leere Zeichenblätter
- ein Ball
- eine Kanne
- eine Tasche
- Astronautenausweise
- Erfolgsprotokoll

Zusammenfassung

Die Kinder hören eine lustige Erklärung darüber, warum ein Ball, eine Tasche und eine Kanne zum Planeten der Ohrenwesen mitgenommen werden sollen.
Danach erhalten alle Kinder unterschiedliche Matrizenarbeitsblätter, worauf sie die Bälle, Kannen und Taschen entsprechend den Originalvorlagen im Buch ausmalen und die drei unteren Bilder auf der Linie ausschneiden.
Bei neun Kindern würde genau ein Set Matrizenblätter ausreichen, um jedes Kind einmal mit jedem Blatt arbeiten zu lassen. Sind es mehr als neun Kinder, muss der Erwachsene im Vorfeld ein weiteres 10er Set Matrizenblätter kopieren und dieses den übrigen Kindern zur Verfügung stellen.
Sind es dagegen weniger als neun Kinder, müssen die übrig gebliebenen Matrizenblätter des 10er Sets bereits vorher von dem Erwachsenen vorbereitet werden.
Wenn alle Kinder mit dem Ausmalen und Ausschneiden fertig sind, versuchen sie, unter den jeweils drei ausgeschnittenen Bildchen jenes auszuwählen, welches eine sinnvolle Ergänzung der letzten Reihe bildet. Anschließend tauschen die Kinder das Testmaterial untereinander aus.
In der nächsten Übung bemühen sie sich, auf dem ihnen zur Verfügung gestellten Arbeitsblatt (**15-10**) aus den drei Formen neue Bilder zu schaffen (z.B. aus einem Kreis einen Wecker zu malen und so weiter).
Abschließend erfolgt ein lustiges Spiel.

7. „Ball, Tasche, Kanne"
Einleitung (Vorschlag für die Vorgehensweise)

Die Kinder sitzen im Stuhlkreis oder bereits am Tisch.
„Ich habe euch heute drei Dinge mitgebracht, die die Ohrenwesen nicht kennen. Hier sind sie."
Der Erwachsene zeigt einen Ball, eine Tasche und eine Kanne.
„Diese drei Dinge werden wir ihnen schenken. Warum wir den Ball mitnehmen, ist leicht zu erraten, nicht wahr? Die Ohris werden staunen, was man damit alles spielen kann.
Bei der Tasche wird es schon schwieriger. Was denkt ihr, warum die für die Ohris wichtig sein könnte?"

Ideen der Kinder werden gesammelt.
„Einige Vorschläge waren schon ganz dicht dran. Also, ich erzähle es euch jetzt:
Ihr müsst wissen, dass die Ohrenwesen nicht die Allerschlausten sind. Unterwegs tragen sie alles, was nicht in ihre Hosentasche passt, in den Händen oder auf dem Kopf. Taschen kennen sie nicht. Wenn z.B. Ohri Alfons bei seiner Tante Berta übernachten will, hält er das Zahnputzzeug in der linken Hand. Unter den Arm geklemmt hat er den Schlafanzug und auf der rechten Hand balanciert er einen Pflaumenkuchen. Seine Nase läuft unterwegs, also will er sie putzen und er stellt alles ab. Was meint ihr wohl, was gleich passiert?
Richtig, bevor er sich auch nur ein Taschentuch suchen kann, haben sich schon mindestens drei Mutschangos herangeschlichen und alles verschlungen. So geht es allen Ohris. Deshalb nehmen wir die Tasche mit, damit sie lernen, ihre Sachen hineinzupacken und in der Tasche zu transportieren. Was glaubt ihr denn, wozu wir ihnen eine Kanne mitbringen?"
Wieder werden Ideen der Kinder gesammelt.
„Gut. Die Ohris sind liebenswert, aber – wie gesagt – nicht allzu schlau. Könnt ihr erraten, was sie machen, wenn sie durstig sind?
Stellt euch vor, sie rennen durch das Dorf, bis sie eine Kuh gefunden haben und legen sich solange unter ihr Euter, bis ein Milchstrahl in ihren Mund fließt und das kann dauern, denn die Kühe stehen ja nicht immer still.
Wir bringen den Ohris also bei, was eine Kanne ist und wie man sie benutzt.
Damit wir die drei wichtigen Dinge – Ball, Tasche und Kanne – nicht vergessen, wollen wir heute etwas malen, schneiden und spielen, was mit diesen drei Dingen zu tun hat."

Vorbereitung des Test- und Übungsmaterials mit Hilfe der Kinder
Jedes Kind erhält ein anderes Arbeitsblatt (siehe Kopiervorlagen **15-1** bis **15-9**). Sie werden gebeten, die gezeichneten Taschen, Bälle und Kannen den Originalvorlagen im Buch entsprechend farblich zu gestalten („Malt die Bildchen genau so aus, wie ihr es hier im Buch seht.")
Danach schneiden die Kinder die unteren drei Bildkärtchen aus. Der Erwachsene kann den Kindern helfen, denn nicht das Ausmalen und Ausschneiden steht im Mittelpunkt dieser Übungseinheit.

Arbeiten mit dem vorbereiteten Test- und Übungsmaterial
Wenn alle Kinder soweit sind, zeigt der Erwachsene jenes Matrizenblatt hoch, welches im Buch an erster Stelle zu finden ist (0).
„In der unteren Reihe fehlt ein Bild. Schaut genau hin und überlegt, welches der drei Bildchen hier hingehört!"
Die Bildchen werden den Kindern gezeigt.
„Richtig, die Kanne muss hier hin, warum?"
Wenn die Kinder die richtige Erklärung geben können und der Erwachsene glaubt, dass die Kinder das Prinzip verstanden haben, geht es los.
Sie sollen ihr Matrizenblatt und die drei ausgeschnittenen Bildchen genau betrachten und herausfinden, welches dieser drei jeweils die logische Ergänzung bildet. Dann legen die Kinder das gewählte Bildchen auf das entsprechende Feld und warten, bis sich der Erwachsene alles angesehen hat. Damit die einzelnen Bildkärtchen nicht durcheinander geraten, empfiehlt es sich, dass die Kinder mit einer Büroklammer die drei Bildchen am oberen Blattrand festklemmen. Dann wird das Material an das **übernächste** Kind im Uhrzeigersinn weitergegeben, so dass alle Kinder nun ein Blatt vor sich liegen haben, das sie noch nicht kennen (auch nicht durch neugieriges „Hinüberschielen" zum Nachbarn). Nach weiteren sieben Tauschaktionen müssten alle neun Kinder mit jedem Blatt einmal gearbeitet haben.
Beobachtungshinweise
Da die einzelnen Matrizenblätter einen unterschiedlich hohen Schwierigkeitsgrad aufweisen, den man beim Individualtest langsam steigern kann, ist es wichtig, sich zu vermerken, bei welchem Blatt ein Kind möglicherweise Schwierigkeiten hat.
Ab vier richtigen Lösungen ist die Aufgabe gelöst. Bei zwei und drei richtigen Lösungen wird ein

Fragezeichen vergeben.
Dieser Test ist relativ anspruchsvoll. Doch auch jüngere Teilnehmer und ältere Kinder, die Probleme bei diesen Aufgaben zeigen, sollten zu Erfolgserlebnissen kommen, indem man ihnen eine individuelle Hilfestellung gibt, so dass sie nach und nach das Prinzip verstehen und einen Lernerfolg verbuchen können.

8. Aus Formen etwas zaubern
Wenn die Kinder noch Lust haben und die vorige Übung nicht zu zeitaufwendig war, können die Kinder an folgendem Spiel zur Phantasieförderung teilnehmen (Arbeitsblatt siehe Kopiervorlage **15-10**).
Der Erwachsene zeigt ihnen noch einmal ein Matrizenblatt:
„Seht euch die Form der Kanne an. Was fällt euch auf? Richtig, sie ist aus einem Dreieck gemalt worden. Bei dem Ball ist es noch einfacher, stimmt's? Und nun betrachtet die Form der Tasche. Sie wurde aus einem Quadrat gemalt. Ich habe für euch hier ein Blatt, auf dem viele Kreise, Quadrate und Dreiecke abgebildet sind. Ihr könnt jetzt versuchen, euch auch etwas auszudenken, was man aus diesen Formen malen kann. Deshalb heißt das Spiel: Aus Formen etwas zaubern."
Falls die Kinder nicht recht weiter wissen, kann man ihnen an einem zusätzlichen Beispiel demonstrieren, was gemeint ist.
Diese Übung können die Kinder aber auch zu einem späteren Zeitpunkt ausführen und stattdessen gleich mit dem abschließenden Spiel beginnen.
Beobachtungshinweise
Welchen Kindern gelingt es, für jede Form neue Lösungsmöglichkeiten zu finden?
Variation:
Die Kinder erhalten ein weißes Malpapier und zeichnen selbst geometrische Formen in verschiedenen Größen, aus denen sie anschließend etwas gestalten.

9. Abschließendes Spiel:
Kindermuster legen
„Sicher habt ihr schon mal ein Muster gelegt. Vielleicht hattet ihr dazu auch eine Vorlage.
Aber könnt ihr euch vorstellen, ein Muster aus Menschen, sagen wir mal aus Kindern, zu legen?
Das wollen wir jetzt nämlich versuchen. Ich zeige euch eine Mustervorlage und ein Kind von euch baut dieses Muster nach, indem es die Kinder genau so hinlegt, wie es auf der Vorlage zu sehen ist. Die Kinder sind natürlich ganz hilfsbereit und lassen sich gut führen. Sie liegen dann still, bis das Kunstwerk fertig ist."
Der Erwachsene nimmt entweder ein vorbereitetes Blatt oder zeichnet eine einfache Figur beziehungsweise ein einfaches Muster (z.B. eine Zick-Zack-Linie, ein Oval, ein Rechteck...). Gerade zu Beginn sollte es sich um leicht nachzubauende Figuren oder Muster handeln und der Erwachsene muss sich auf Hilfsleistungen einstellen.
Beobachtungshinweise
Dieses Spiel wird den Kindern mit Sicherheit Spaß machen, aber weniger diagnostische Aussagen zulassen. Hier eine Bewertung zu treffen, dürfte schwierig sein, da viele äußere Faktoren zum Gelingen oder Scheitern der Aufgabe führen können (z.B. Albernheiten der Kinder untereinander). Kinder, denen es nicht gelingt, die entsprechenden Vorgaben umzusetzen, sollten zu einem späteren Zeitpunkt die Möglichkeit erhalten, mit Hilfe von Legestäbchen oder Legetäfelchen einfache Muster nachzulegen.

10. Bild malen: Das bin ich
Eine wichtige Entwicklungsdimension im Bereich der kognitiven Entwicklung ist das Körperbewusstsein, das sich z.B. darin äußert, dass das Kind Körperteile zeigen und benennen, aber auch grafisch darstellen kann.
Um den zeitlichen Rahmen der Übungseinheiten nicht zu sprengen, können die Kinder zu einem anderen Zeitpunkt (z.B. in der Einzelförderung) gebeten werden, sich selbst zu malen.

Beobachtungshinweise

Die grafische Darstellung sollte mindestens aus folgenden Teilen bestehen: Kopf, Rumpf, Beine, Füße, Arme und Hände. Aus dem Kopffußstadium sollten die Kinder herausgekommen sein.
Hat das Kind die Gesichtsteile (Augen, Nase, Mund) berücksichtigt und Haare angedeutet?

Ankreuzen der durchgeführten Übungen in den Astronautenausweisen

0

© 2004 verlag modernes lernen – Dortmund • aus: Maaß, Bestell-Nr. 1226

1

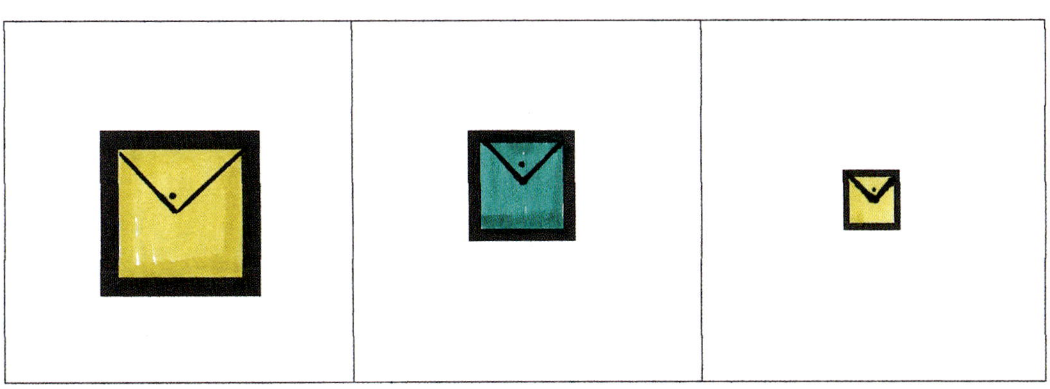

© 2004 verlag modernes lernen – Dortmund • aus: Maaß, Bestell-Nr. 1226

2

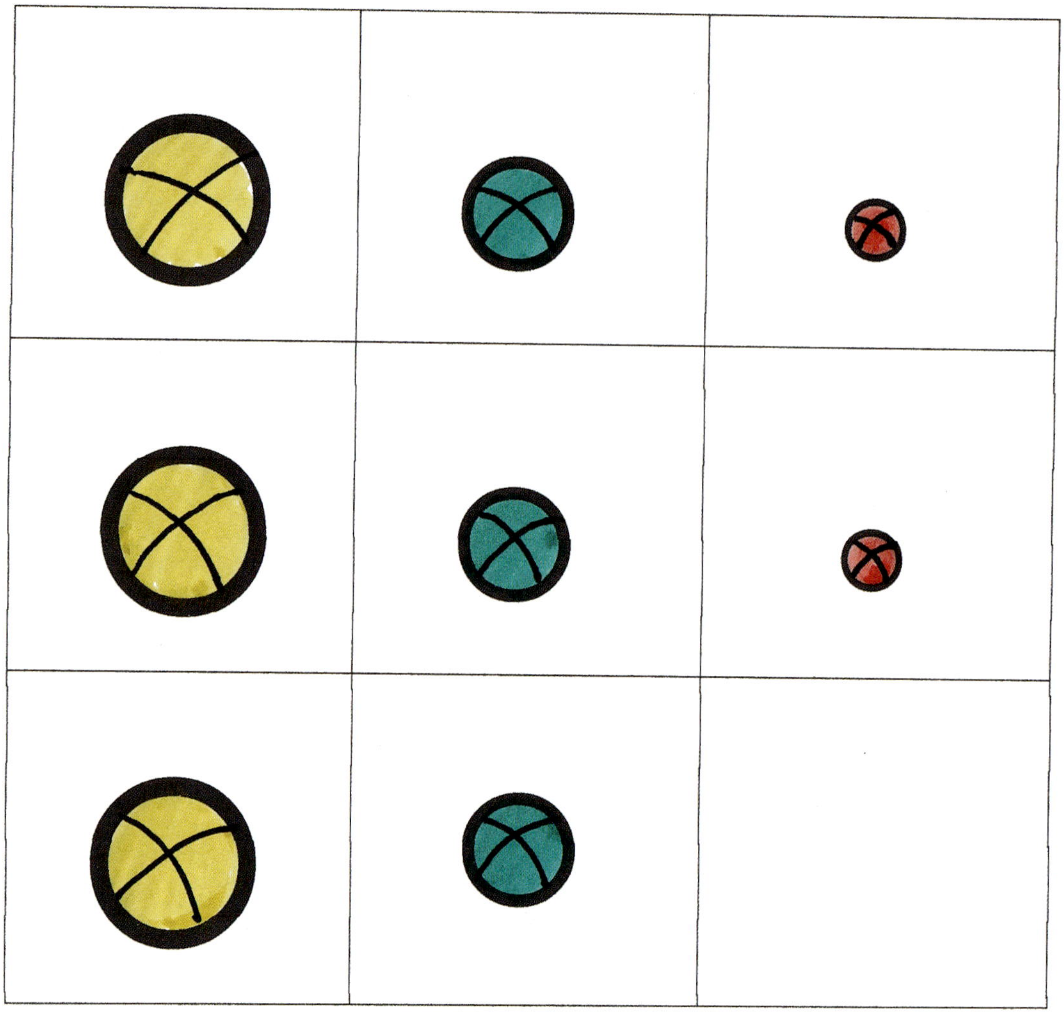

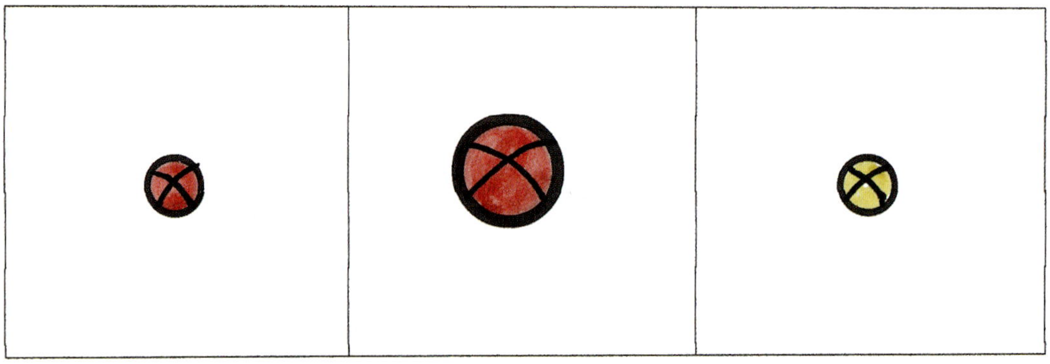

© 2004 verlag modernes lernen – Dortmund • aus: Maaß, Bestell-Nr. 1226

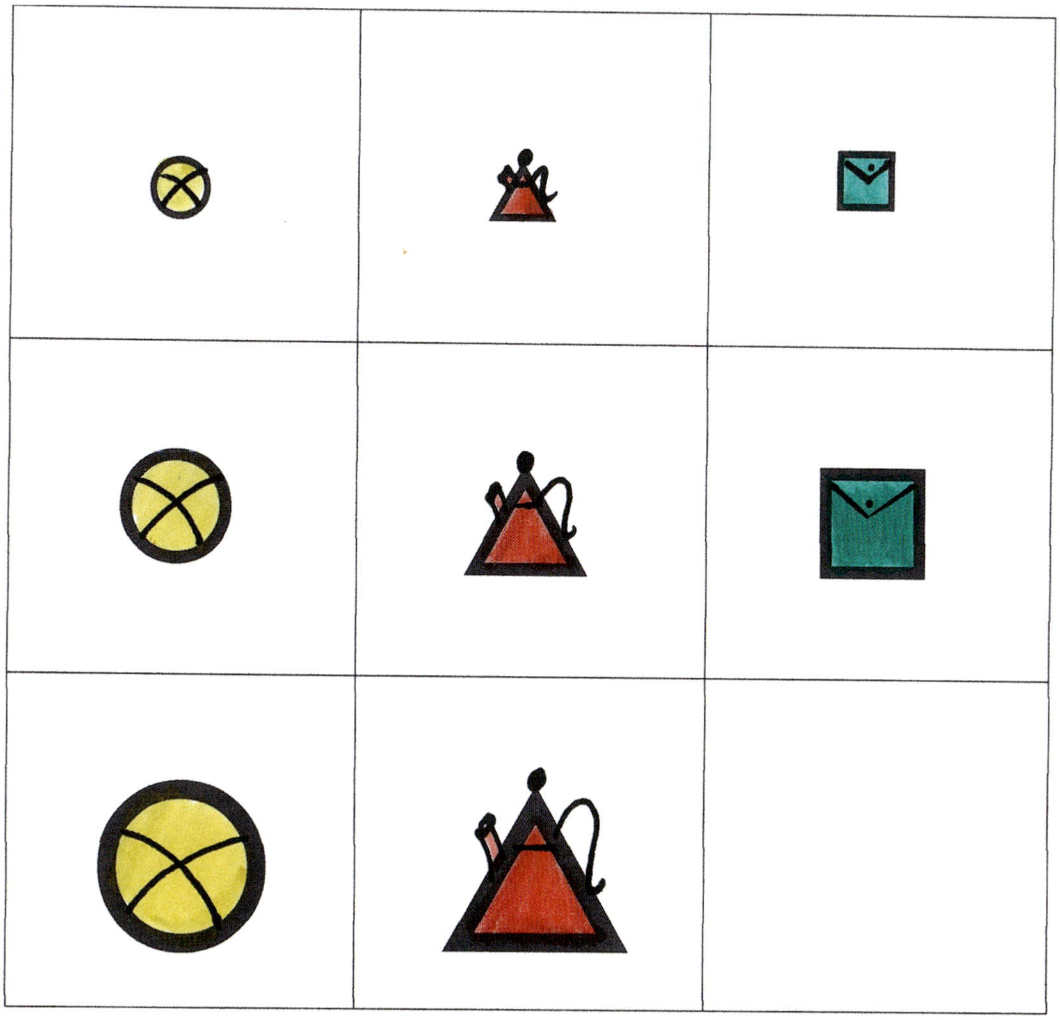

© 2004 verlag modernes lernen – Dortmund • aus: Maaß, Bestell-Nr. 1226

4

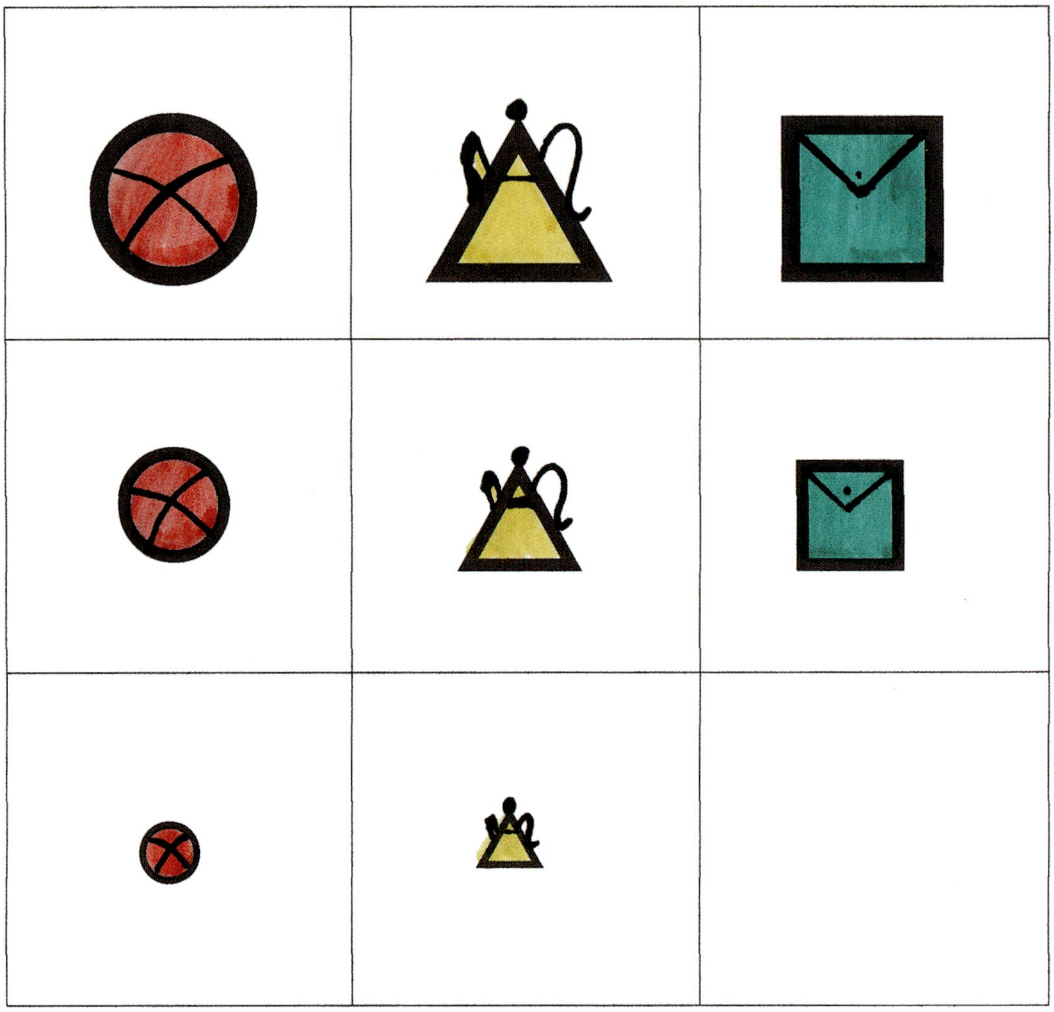

© 2004 verlag modernes lernen – Dortmund • aus: Maaß, Bestell-Nr. 1226

5

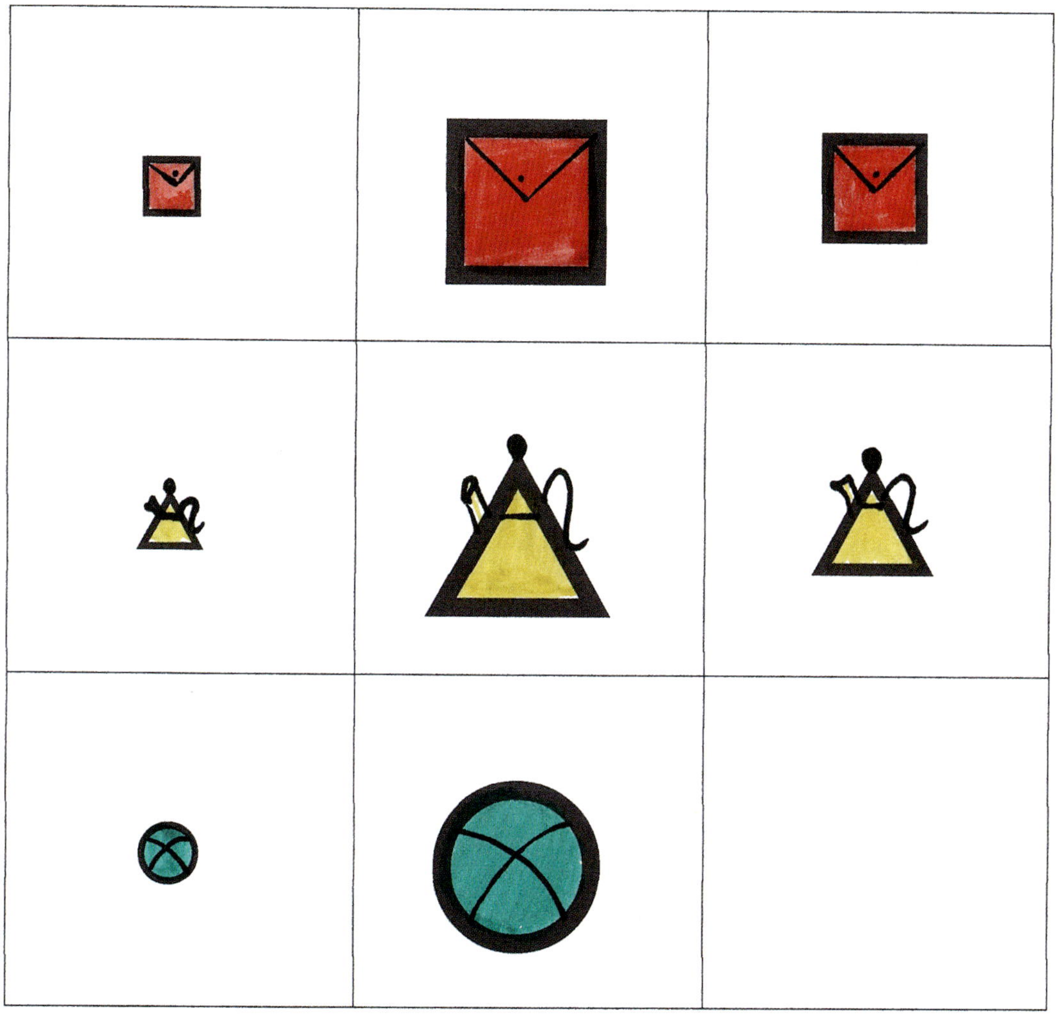

© 2004 verlag modernes lernen – Dortmund • aus: Maaß, Bestell-Nr. 1226

6

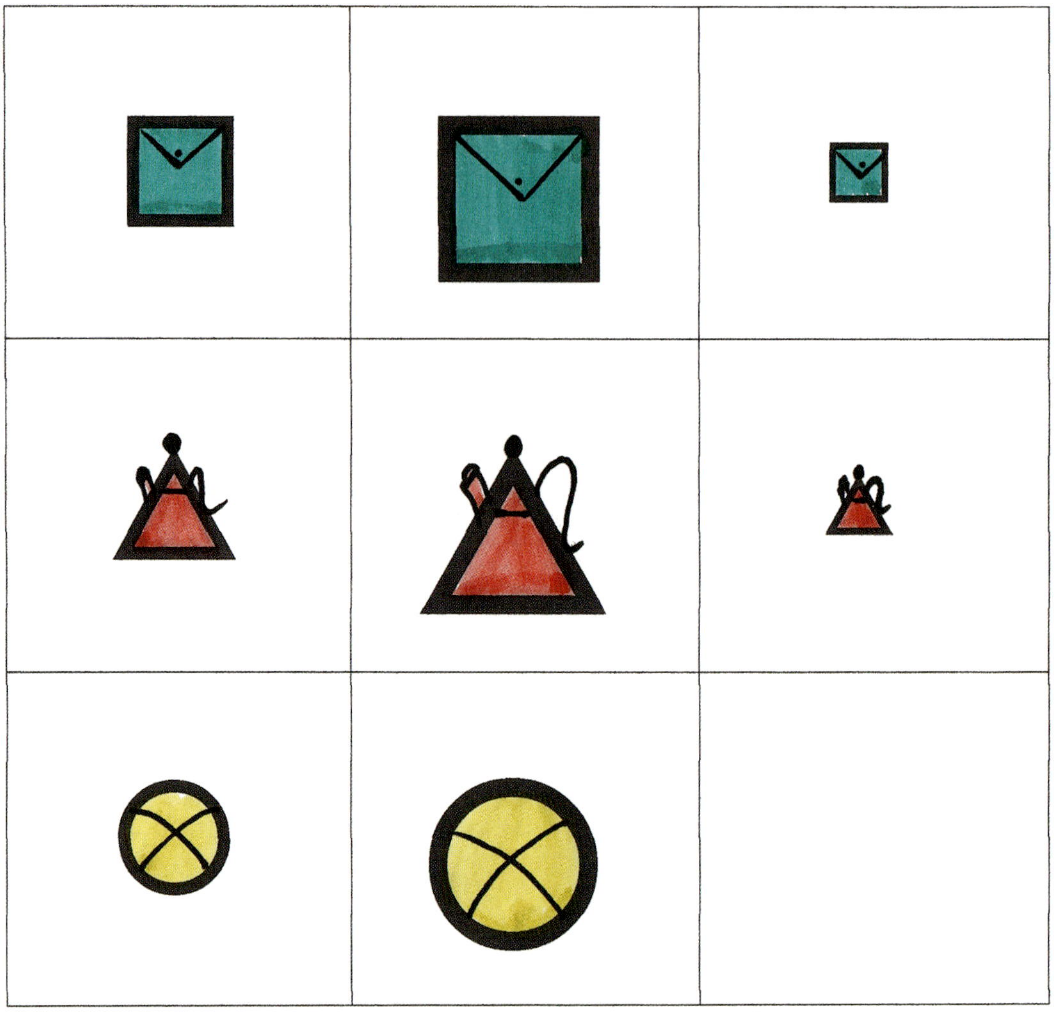

© 2004 verlag modernes lernen – Dortmund • aus: Maaß, Bestell-Nr. 1226

© 2004 verlag modernes lernen – Dortmund • aus: Maaß, Bestell-Nr. 1226

8

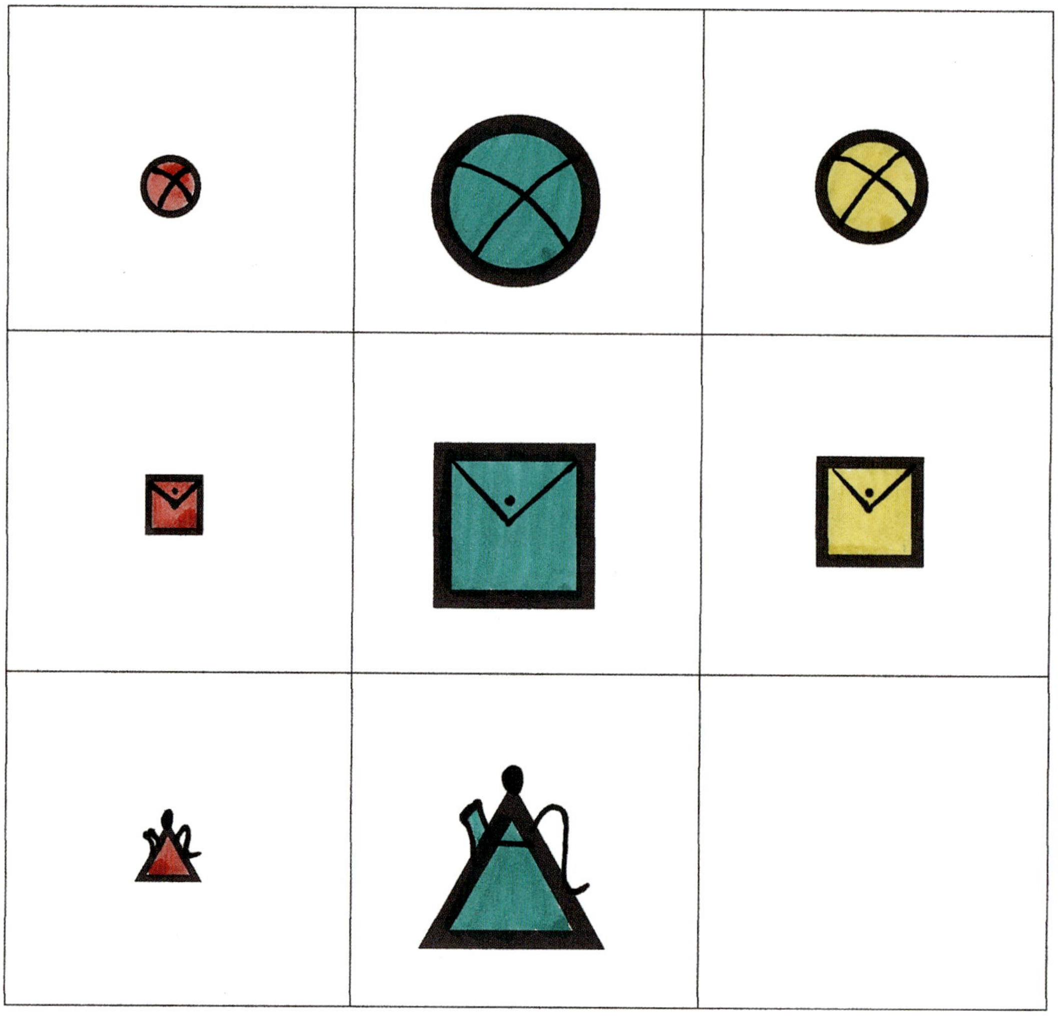

© 2004 verlag modernes lernen – Dortmund • aus: Maaß, Bestell-Nr. 1226

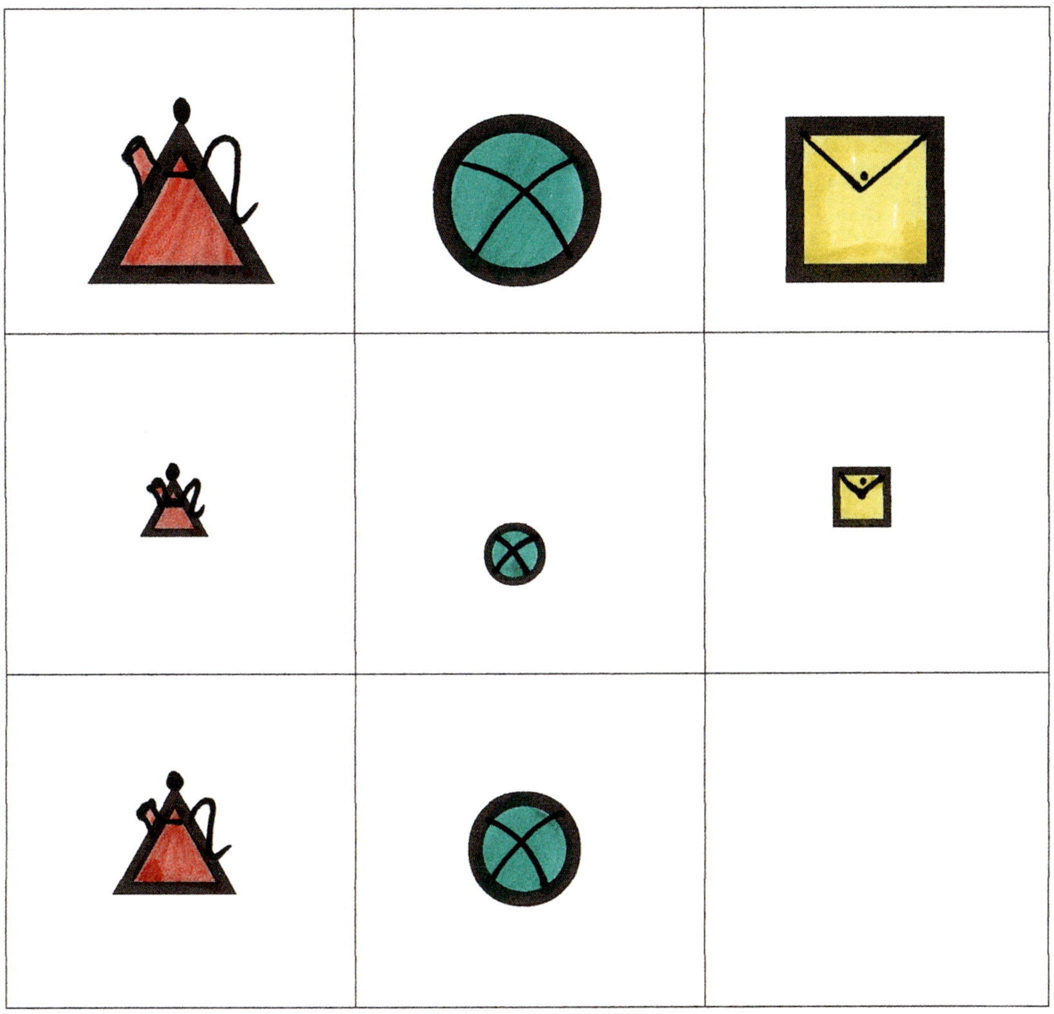

© 2004 verlag modernes lernen – Dortmund • aus: Maaß, Bestell-Nr. 1226

15 – 1

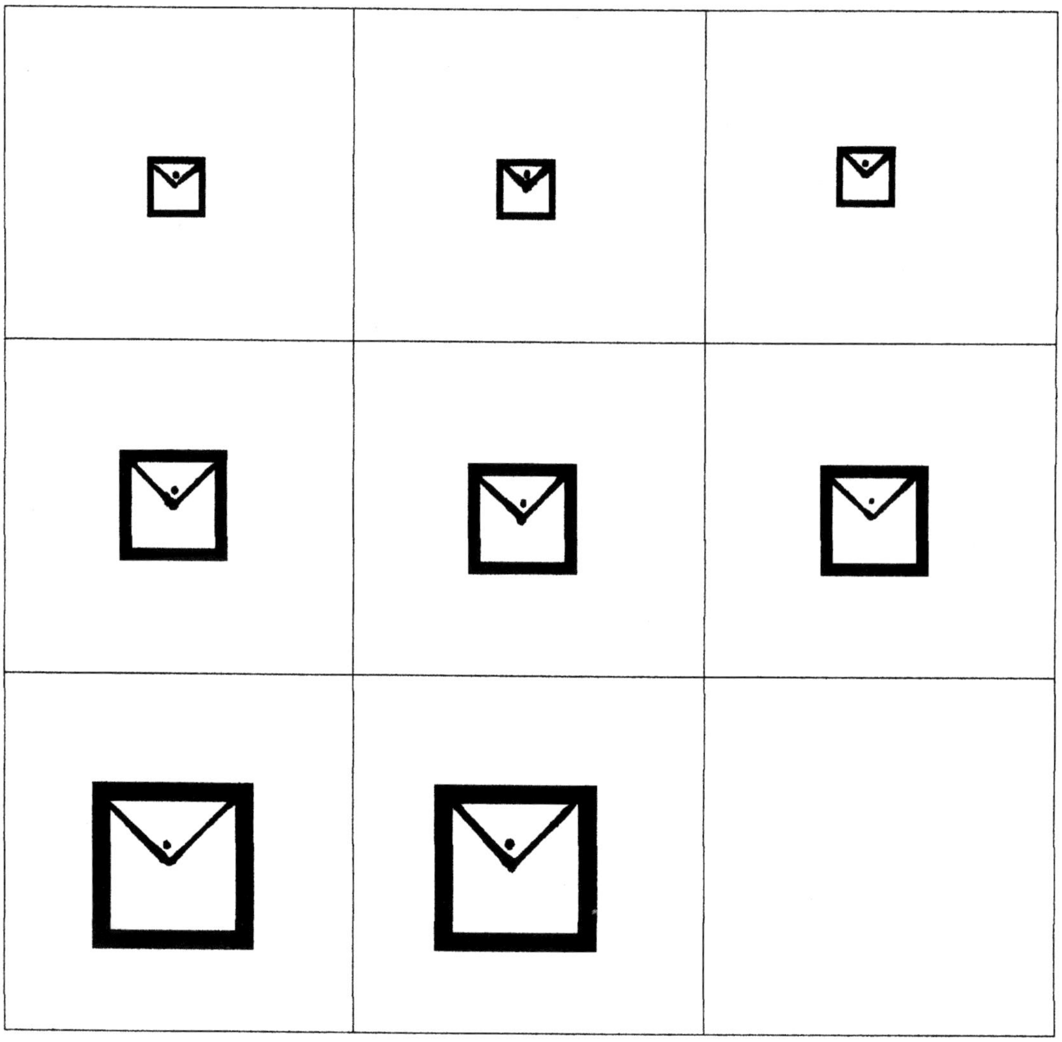

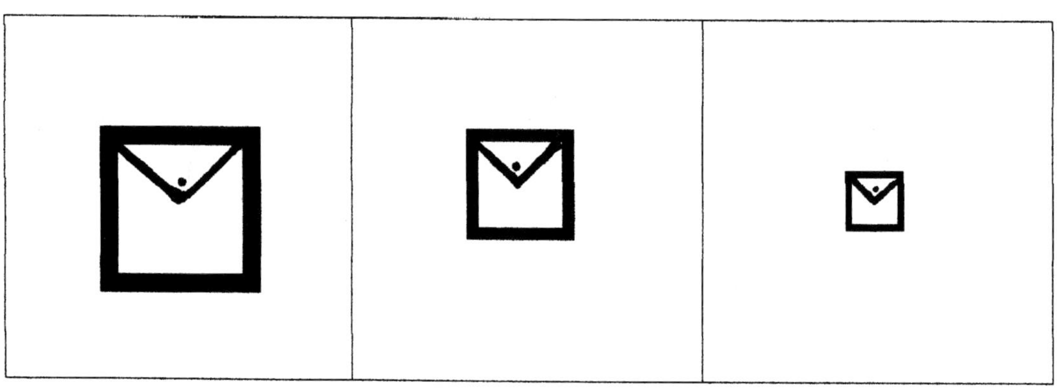

© 2004 verlag modernes lernen – Dortmund • aus: Maaß, Bestell-Nr. 1226

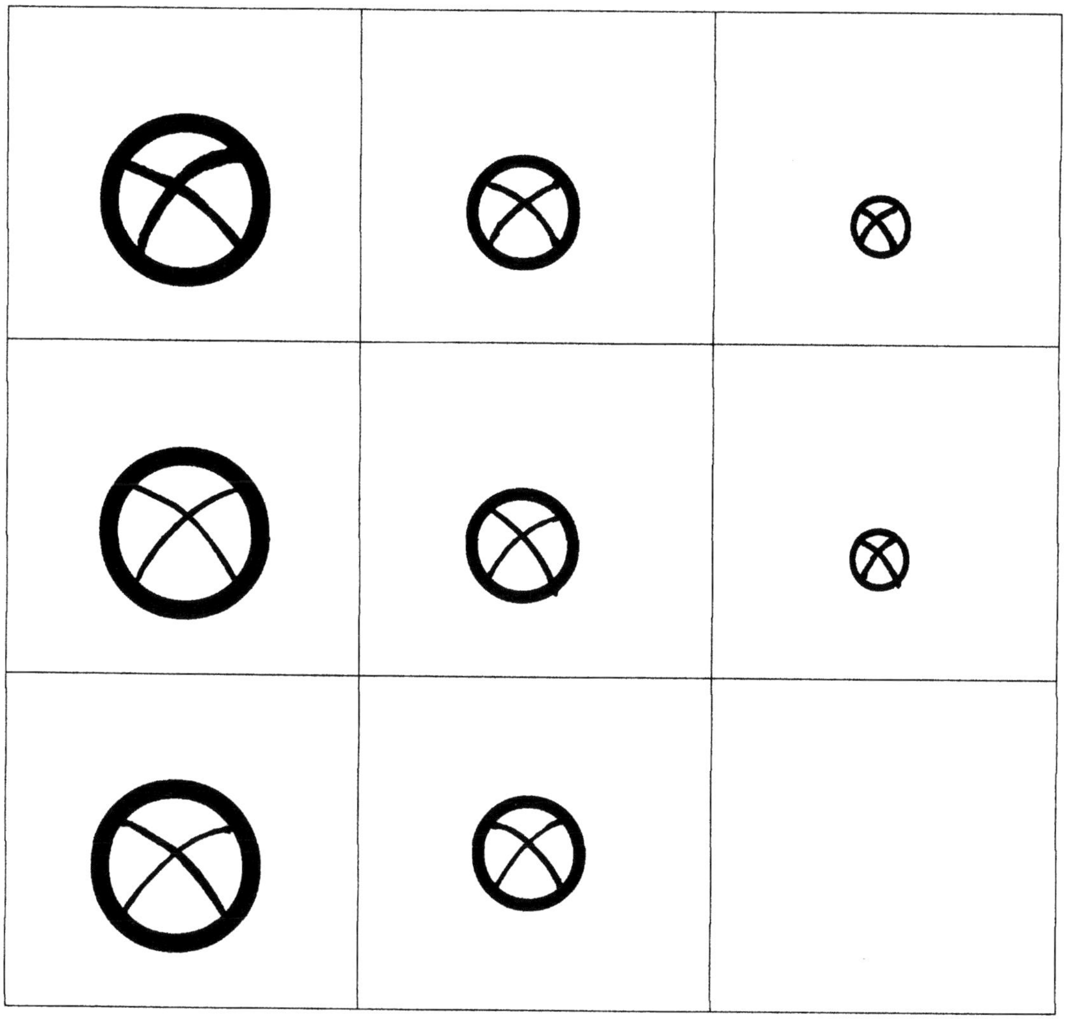

© 2004 verlag modernes lernen – Dortmund • aus: Maaß, Bestell-Nr. 1226

15 – 3

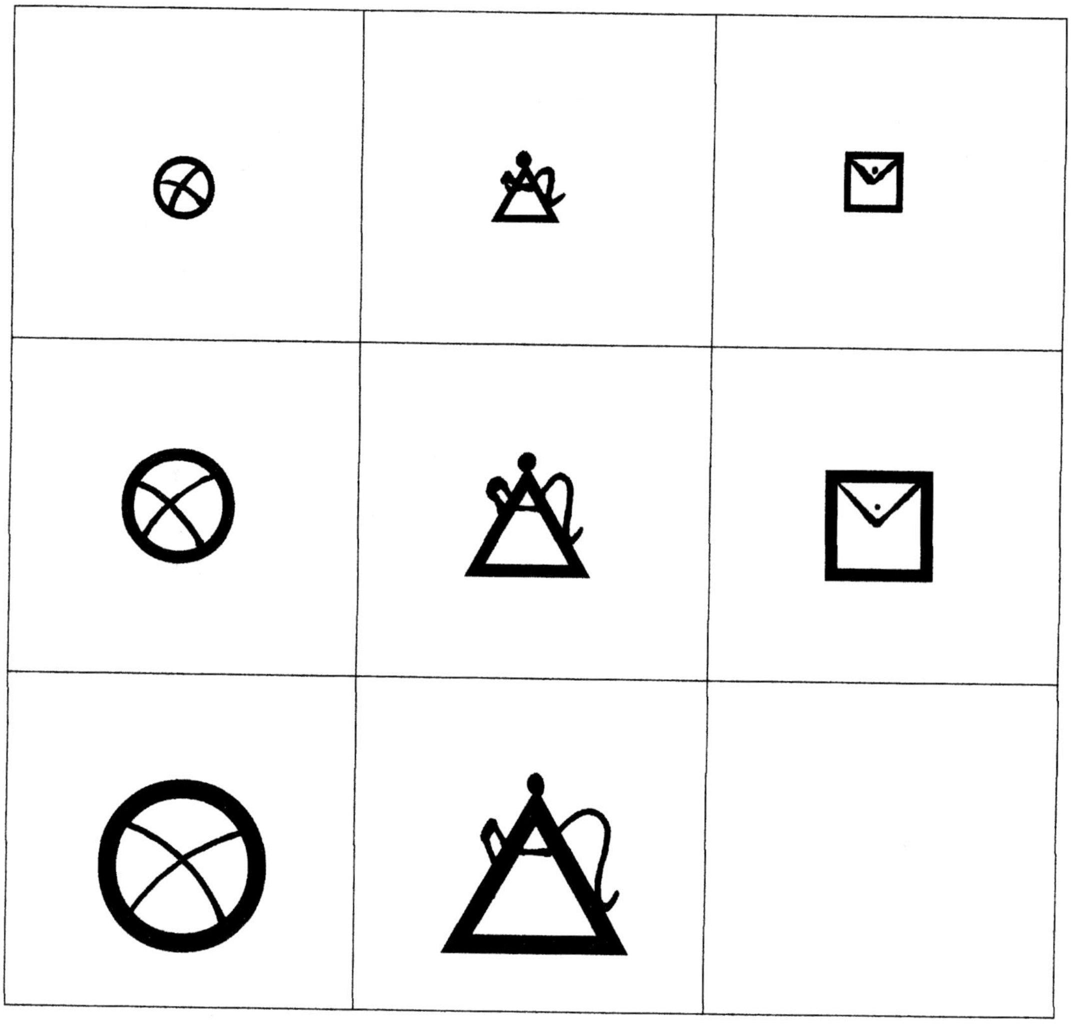

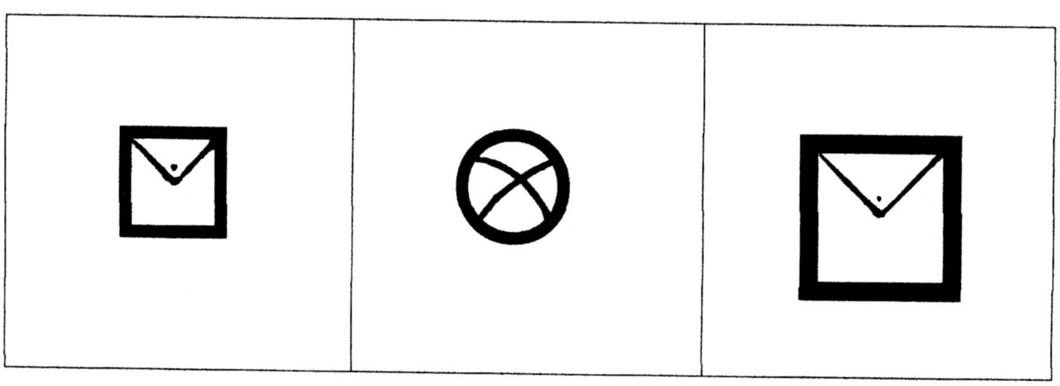

© 2004 verlag modernes lernen – Dortmund • aus: Maaß: Bestell-Nr. 1226

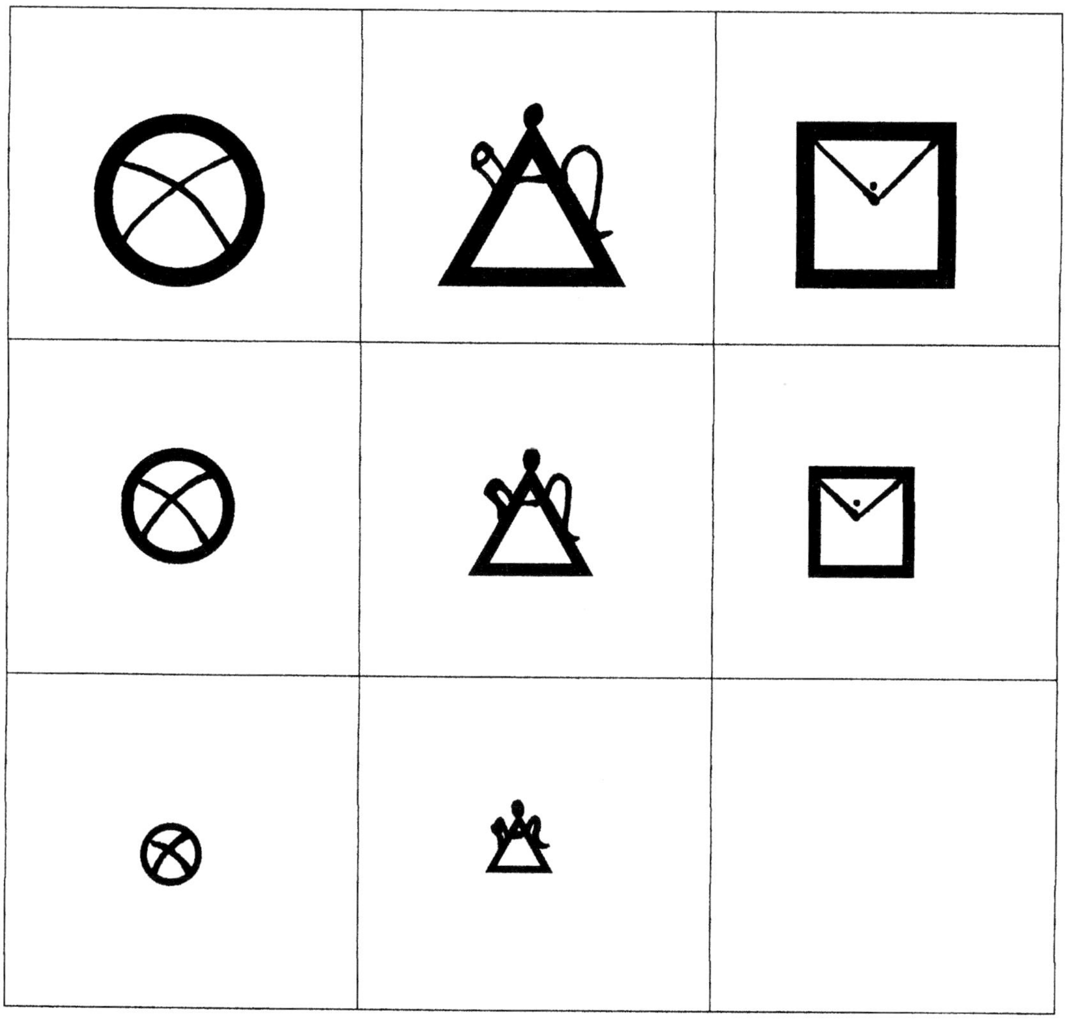

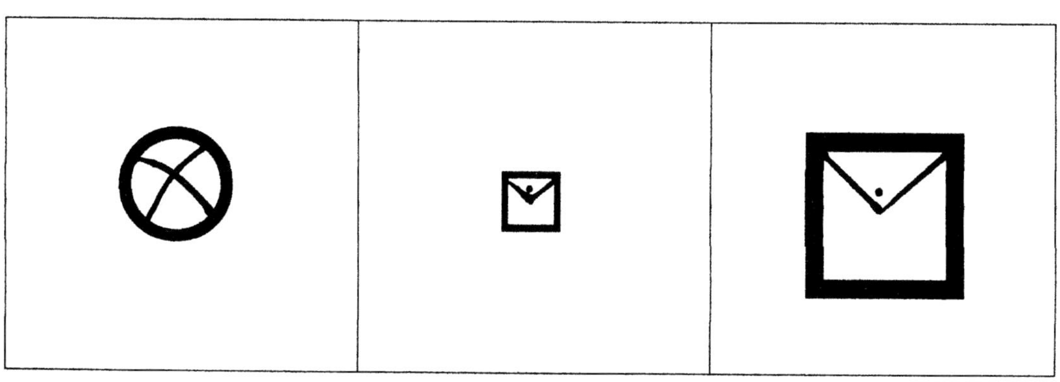

© 2004 verlag modernes lernen – Dortmund • aus: Maaß, Bestell-Nr. 1226

15 – 5

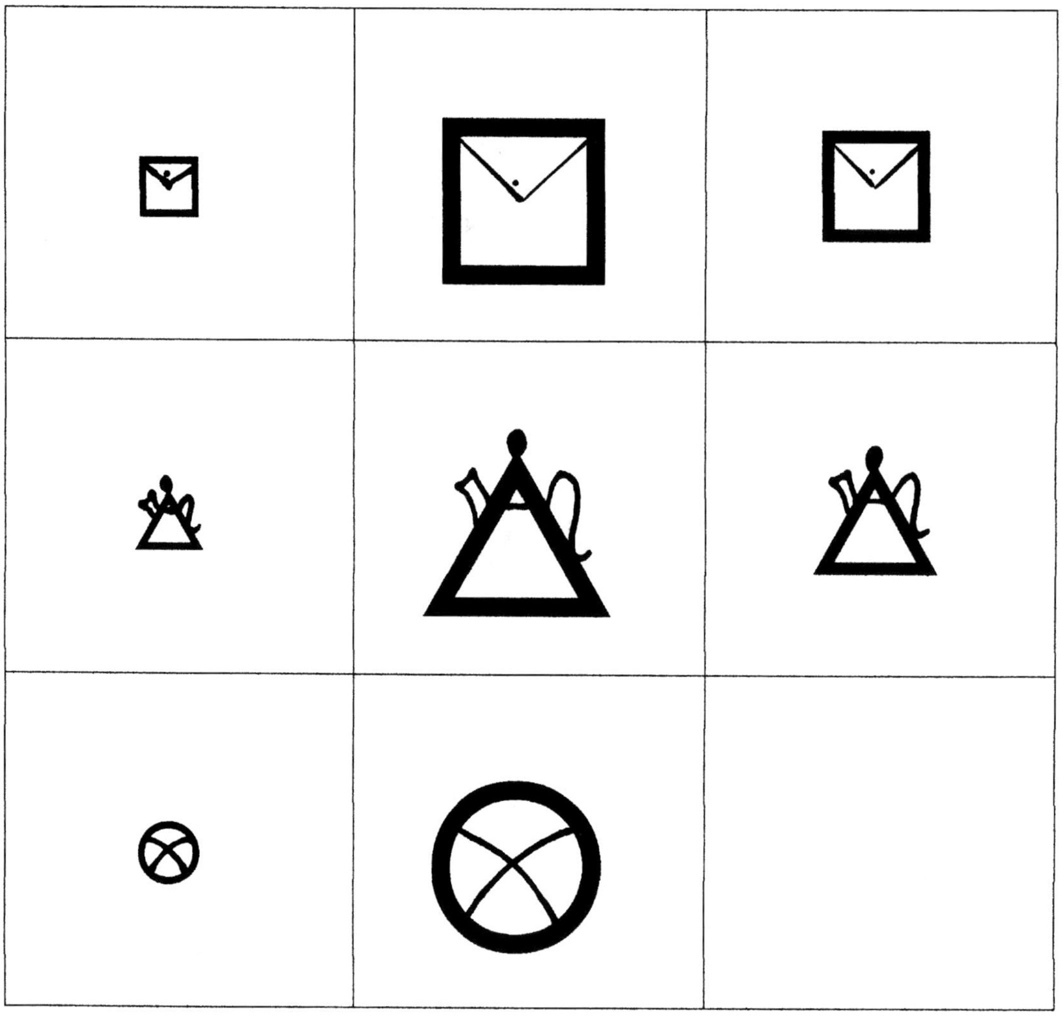

© 2004 verlag modernes lernen – Dortmund • aus: Maaß, Bestell-Nr. 1226

© 2004 verlag modernes lernen – Dortmund • aus: Maaß, Bestell-Nr. 1226

15 – 7

© 2004 verlag modernes lernen – Dortmund • aus: Maaß, Bestell-Nr. 1226

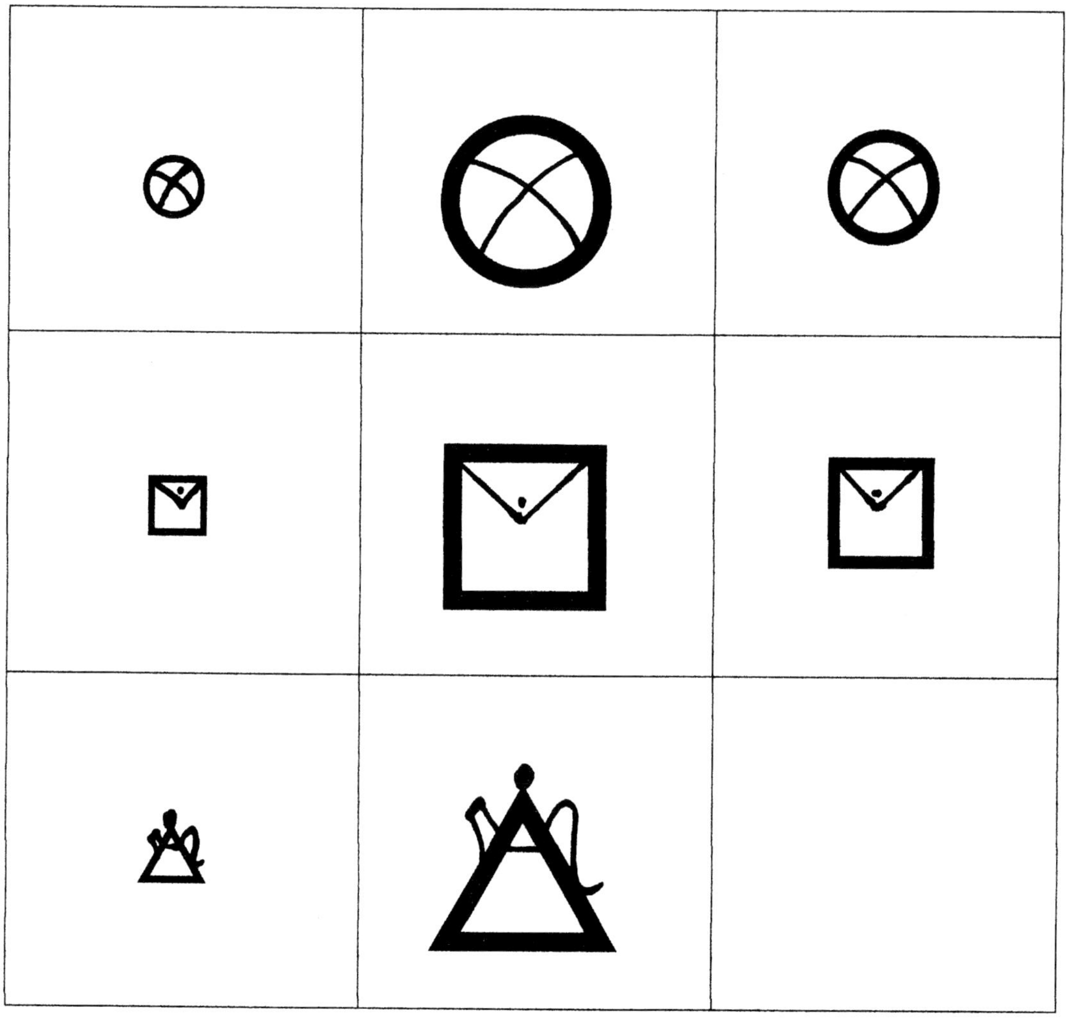

© 2004 verlag modernes lernen – Dortmund • aus: Maaß, Bestell-Nr. 1226

15 – 9

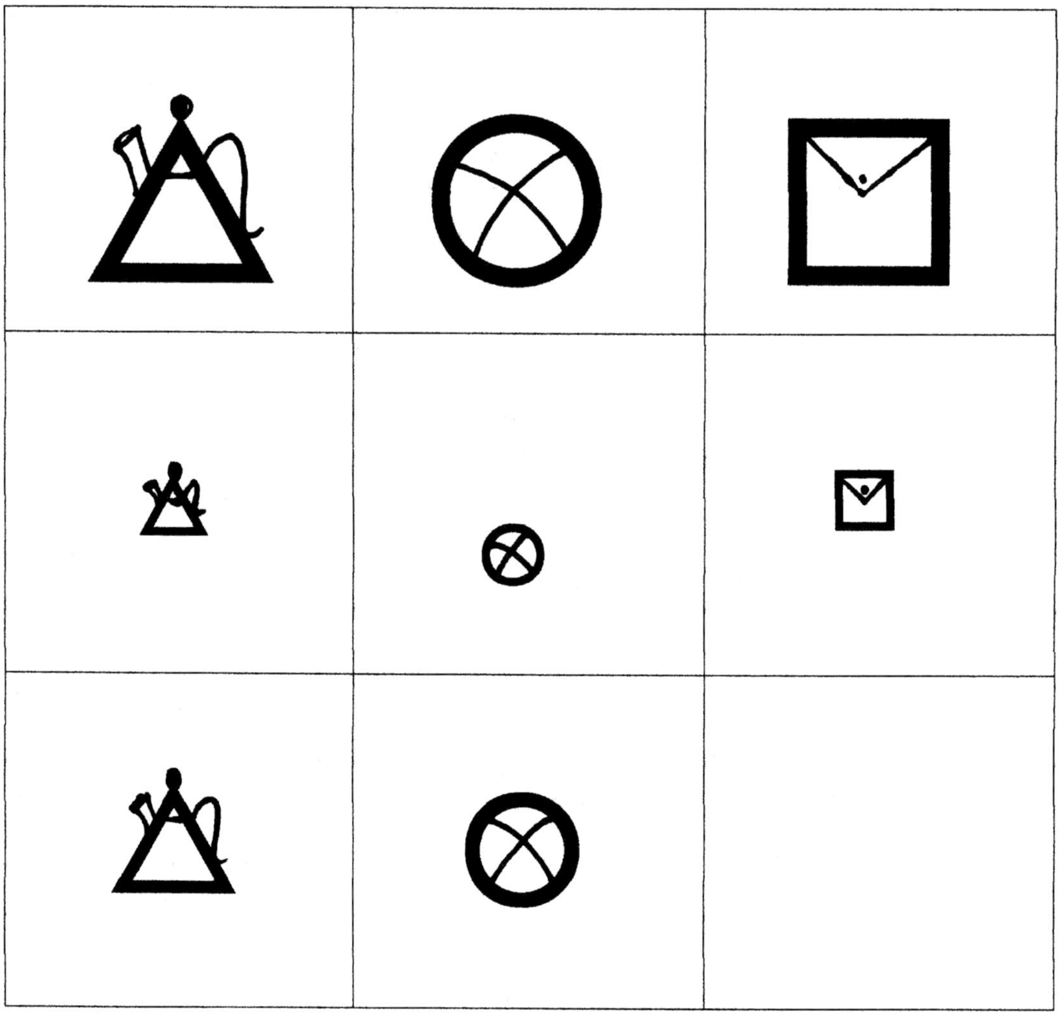

© 2004 verlag modernes lernen – Dortmund • aus: Maaß, Bestell-Nr. 1226

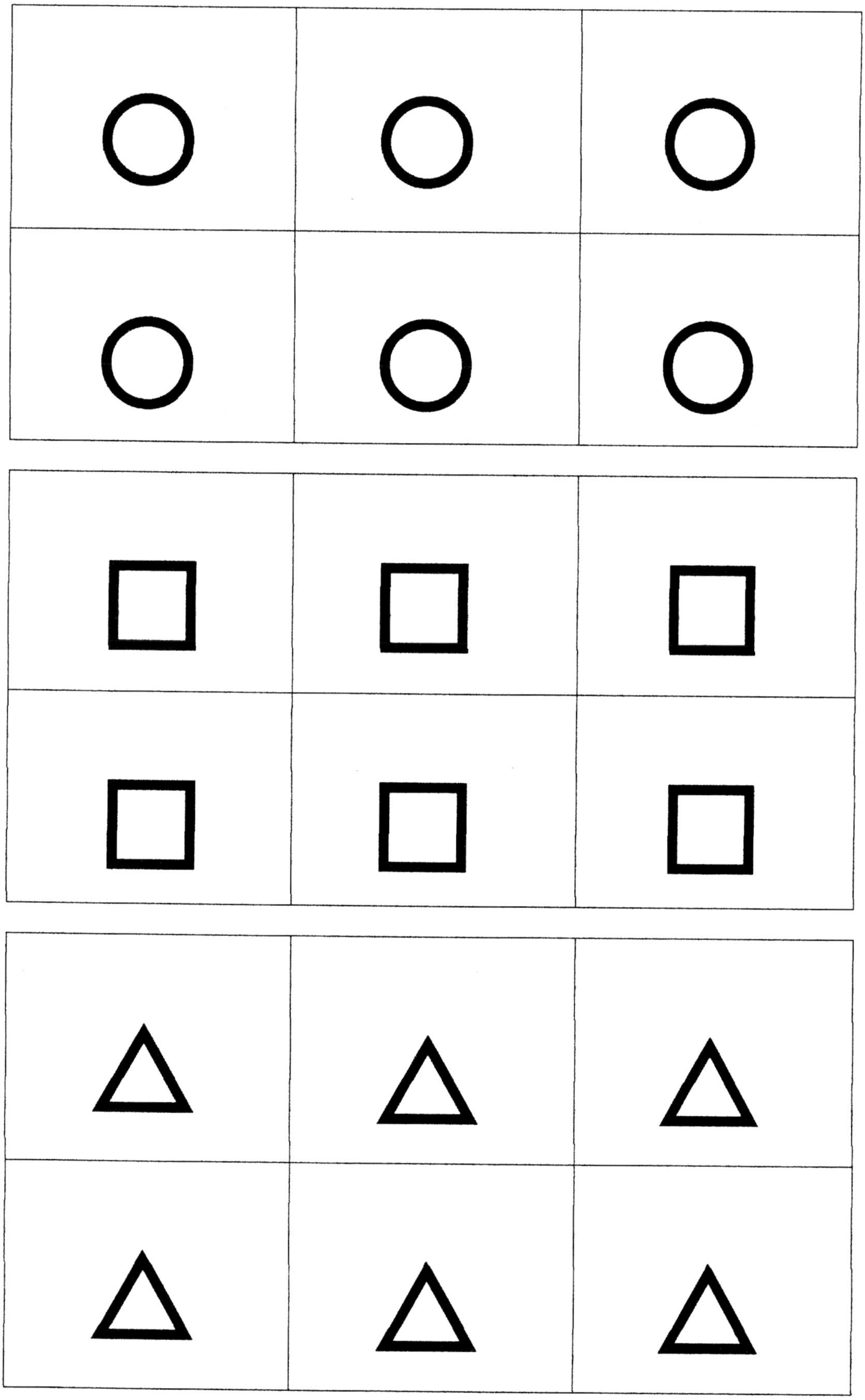

© 2004 verlag modernes lernen – Dortmund • aus: Maaß, Bestell-Nr. 1226

Erfolgsprotokoll für die Aufgaben zum produktiven Denken (Aufgaben 1-6 aus Teil I, Aufgaben 7-10 aus Teil II)

		Name und Alter der teilnehmenden Kinder						
Nr.	**Spiel oder Übung**							**getesteter Bereich**
1	Wozu braucht man das?							finales Denken (bewerten und beurteilen)
2	Was passiert, wenn...?							kausales Denken
3	Gegensätze							sprachliche Analogieschlüsse finden
4	Quatschgeschichte							Sinnwidrigkeiten erkennen (bewerten und beurteilen)
5	Bildgeschichte ordnen							Bildgeschichte ordnen
6	Partner finden							Zuordnen von Dingen
7	Kanne, Ball, Tasche							induktives Denken
8	Aus Formen etwas zaubern							Bildzeichen unter neuem Gesichtspunkt verwenden, Finden von kreativen Lösungen
9	Kindermuster legen							räumliches Denken
10	Bild malen: Das bin ich							Körperbewusstsein, grafische Differenzierung

Beobachtungen: ____________________

____

____

____

____

____

____

❑ **Kein Kind zeigt im Bereich des produktiven Denkens Auffälligkeiten.**

© 2004 verlag modernes lernen – Dortmund • aus: Maaß, Bestell-Nr. 1226

❑ **Folgende Kinder zeigen im Bereich des produktiven Denkens leichte Auffälligkeiten, die eine gezielte Beobachtung empfehlenswert machen:** ______________________

____

____

____

____

❑ **Folgende Kinder zeigen im Bereich des produktiven Denkens Auffälligkeiten:** ________

____

____

____

Daher sind nachfolgende Fördermaßnahmen angebracht: ______________________

____

____

____

____

____

____

____

____

____

____

____

❑ **Folgende Kinder zeigen im Bereich des produktiven Denkens Begabungen, die es zu fördern gilt:** ____

____

____

____

____

____

____

© 2004 verlag modernes lernen – Dortmund • aus: Maaß, Bestell-Nr. 1226

Beispiele für Fördermaßnahmen im Bereich des produktiven Denkens

In den zahlreichen Veröffentlichungen zum Thema Vorschule finden sich viele Anregungen, die sich zur Förderung auf dem Gebiet des produktiven Denkens eignen. Sehr sinnvoll ist es, den Kindern immer wieder neue Bildgeschichten mit möglichst durcheinander geratener Reihenfolge anzubieten. Auch das folgende Spiel empfiehlt sich zur Förderung des produktiven Denkens:
„Ich nenne dir vier Begriffe und du überlegst, welcher nicht zu den drei anderen passt: Banane, Ball, Apfel, Birne."
Das Kind soll nicht nur sagen, welcher Begriff nicht zu den anderen gehört, sondern auch warum das so ist („Weil der Ball keine Frucht ist").

16. Zehn Astronauten (Basisübungen zum rechnerischen Denken Teil I)

Material

- Astronautenausweise
- Stifte zum Ankreuzen der Übungen in den Astronautenausweisen
- Erfolgsprotokoll
- Astronautenkärtchen (für jedes Kind ein bereits zerschnittenes Set siehe **16-1**)
- Arbeitsblatt: Rakete (siehe Kopiervorlage **16-2**)

Zusammenfassung

Die Kinder operieren mit Mengen. Sie erfassen sie, zerlegen eine Menge in Teilmengen, nehmen einen groben Mengenvergleich zwischen zwei Mengen vor und so weiter.

Wissensvermittlung

Die Kinder erfahren Wissenswertes über die Raumanzüge der Astronauten.

Vorgehensweise

Der Erwachsene erzählt den Kindern etwas über die Raumanzüge, während er ihnen zur Illustration das Bild eines Astronauten zeigt (siehe Einführungsstunde).

„Hier seht ihr einen Astronauten im Raumanzug. Astronauten müssen, wenn sie die Rakete oder Weltraumstation verlassen, einen Raumanzug tragen. Warum?

Der Anzug bietet Schutz, liefert Sauerstoff und übt Druck auf die Haut aus, damit der Astronaut dem gleichen Druck ausgesetzt ist wie hier auf der Erde. So ein Raumanzug wiegt, wenn man ihn auf der Erde trägt, über 100 kg, das ist mehr, als die meisten Erwachsenen wiegen. Im Weltraum dagegen ist er federleicht.

Hose, Oberteil, Handschuhe und Helm werden miteinander verbunden. Der Raumanzug besteht aus vielen Schichten und Falten.

Auf dem Rücken trägt der Astronaut sein Versorgungspaket – darin sind Sauerstoff und Wasser enthalten. Unter dem Helm befindet sich eine Art Sprechfunkgerät und vorn hat der Astronaut einen Kontrollapparat, der blinkt, wenn irgendetwas nicht richtig funktioniert.

Ich habe euch Kärtchen mitgebracht, auf denen Astronauten abgebildet sind, die Raumanzüge tragen. Außerdem bekommt jedes Kind ein Blatt, auf dem eine Rakete zu sehen ist, die bald starten wird. Die Astronauten müssen sich bereitmachen.“

1. Aufgabe

„Lasst alle Astronauten antreten. Sie sollen auf der unteren Linie stehen. Zeigt mir die linke Seite auf eurem Blatt! Hier soll der erste Astronaut stehen, daneben der zweite und so weiter.

Wer sie gezählt hat, kann mir das Ergebnis ins Ohr flüstern.“

2. Aufgabe

„Der dritte Astronaut betritt die Rakete zuerst. Lasst nun den ersten Astronauten einsteigen. Der letzte folgt ihm.“

3. Aufgabe

„Einige Astronauten sind bereits in der Rakete, die anderen warten noch draußen.

Zählt die Astronauten in der Rakete. Wie viele sind es?

Zählt nun die Astronauten, die noch draußen stehen und sagt mir, wie viele es sind.

Vergleicht die Anzahl der Astronauten inner- und außerhalb der Rakete.
Wo sind mehr Astronauten: in der Rakete oder draußen?
Wo sind weniger Astronauten?“

4. Aufgabe
„Wenn jetzt zu den drei Astronauten in der Rakete noch zwei weitere Astronauten einsteigen, was denkt ihr, wie viele Astronauten sind dann insgesamt in der Rakete?
Wir wollen mal sehen, ob ihr Recht habt. Lasst zwei Astronauten einsteigen und zählt alle, die in der Rakete sind.
Wo sind nun mehr Astronauten: in der Rakete oder draußen?“

5. Aufgabe
„Schaut nun zu den Astronauten, die noch draußen stehen. Könnt ihr mir sagen, wie viele es sind, ohne sie zu zählen?“

6. Aufgabe
„Lasst nun die restlichen Astronauten auch einsteigen. Wir zählen jetzt den Countdown und lassen die Rakete mit einem lauten Zischen hochfliegen.
Die Rakete ist nun im Weltraum und die Astronauten wollen sie verlassen, um Außenarbeiten an der Rakete vorzunehmen.
Legt die Astronauten so hin, dass einige links von der Rakete und einige auf der rechten Seite der Rakete sind. Zeigt mir die linke Seite eures Blattes und nun die rechte.
Auf der linken Seite sollen mehr Astronauten sein als rechts.“

7. Aufgabe
„Verteilt die Astronauten jetzt so, dass neben der Rakete auf beiden Seiten gleich viele sind.
Wie kann man diese Aufgabe am besten lösen?
Ja, man legt alle Astronauten auf einen Haufen und verteilt dann immer einen Astronauten links und einen rechts neben die Rakete. Zählt nun nach, ob auf jeder Seite gleich viele Astronauten schweben.
Lasst die Astronauten wieder in die Rakete steigen. Wir wollen sie bei ihrem Flug jetzt nicht mehr stören und machen dafür selbst noch ein schönes Spiel.“

8. Abschließendes Spiel:
Drei und sieben
Ein Kind verlässt den Raum und klopft an die Tür (zwischen einmal und zehnmal). Die Mitspieler hören genau zu und zählen mit. Falls das Kind dreimal geklopft hat, müssen alle anderen reglos in der Position verharren, in der sie beim letzten Klopfen gerade waren. Das „Klopfkind“ betritt in diesem Fall wieder den Raum und besieht sich die „Statuen“. Dann erlöst es die Kinder, indem es „weiter“ ruft.
Hat das Kind stattdessen siebenmal geklopft, müssen sich alle Mitspieler eine Figur ausdenken (z.B. Löwe, Tanzpuppe ...) und deren Bewegungen und Geräusche nachahmen. Anschließend werden die Rollen gewechselt.

Ankreuzen der durchgeführten Übungen in den Astronautenausweisen

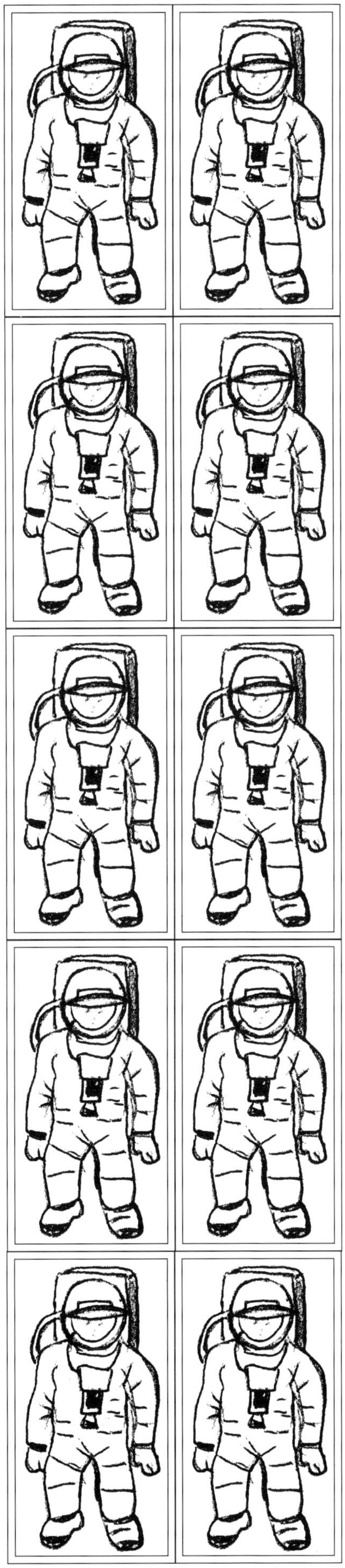

© 2004 verlag modernes lernen – Dortmund • aus: Maaß, Bestell-Nr. 1226

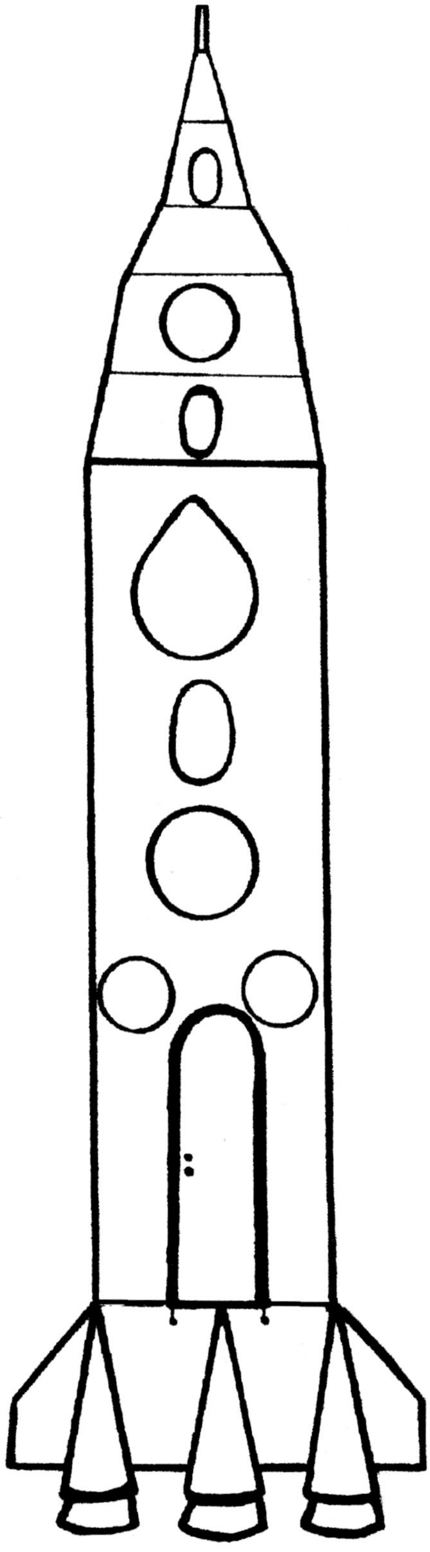

© 2004 verlag modernes lernen – Dortmund • aus: Maaß, Bestell-Nr. 1226

17. Sterne (Basisaufgaben zum rechnerischen Denken Teil II)

Material
- Astronautenausweise
- Erfolgsprotokoll
- Malstifte (darunter viele gelbe Stifte)
- Scheren
- zwei vorbereitete – also zerschnittene – Mengenkärtchensets mit den bereits ausgemalten gleich großen Sternen (siehe Kopiervorlagen **17-1** und **17-2**)
- 2 Kartenunterlagen (siehe Kopiervorlage **17-3)**
- für jedes Kind das Arbeitsblatt: Sterne in verschiedenen Größen (siehe Kopiervorlage **17-4**)
- eine Taschenlampe

Zusammenfassung
Es wird geprüft, ob die Kinder Mengen nach bestimmten Merkmalen sortieren und zuordnen können. Dann folgt ein Mengenfolgentest, bei dem die Kinder Ordnungsprinzipien erkennen müssen und anschließend selbst erfinden dürfen.

Wissensvermittlung
Den Kindern werden Kenntnisse über Sterne und somit auch über unsere Sonne vermittelt.

Vorgehensweise
Der Erwachsene gibt den Kindern zunächst ein paar wissenswerte Informationen über die Sterne. Da der Sternentest ein Individualtest ist, bittet er alle Kinder, bis auf eines, die unterschiedlich großen Sterne auf dem Arbeitsblatt (**17-4**) entsprechend der Buchabbildung auszumalen und die Kärtchen auf den Linien auszuschneiden. So sind die anderen Kinder beschäftigt, während der Erwachsene mit einem Kind individuell den Sternentest durchführen kann. Kinder, die bereits an der Reihe waren, können sich nun mit Hilfe des zweiten Mengenkärtchensets neue Ordnungsprinzipien, also durchdachte Mengenfolgen, einfallen lassen und diese sich wechselseitig vorlegen.
Wenn alle Kinder mit dem Sternentest fertig sind (bei vielen Teilnehmern wäre zu überlegen, einige später zu testen), haben die Kinder die Möglichkeit, ihre ausgemalten Sternenkärtchen z.B. nach Farben zu sortieren und anschließend nach der Größe zu ordnen.
Zum Schluss gibt es wieder ein abschließendes Spiel, das motorische Freiräume schafft.

Einleitung
„Es gibt große und kleine, gelbe, weiße, rote, orange und blaue Sterne. Sie alle leuchten mehr oder weniger hell.
Sterne sind Himmelskörper aus heißen Gasen. Sie erzeugen in ihrem Inneren eine riesige Menge an Energie, die sie nach außen als Licht und Hitze abgeben.
Einen Stern kennt ihr alle: unsere Sonne. Sie ist riesengroß. Um sie ziehen die Planeten unseres Sonnensystems – also auch unsere Erde – ihre Bahn. Je nachdem, wie weit entfernt die Planeten von der Sonne sind, ist es dort glühend heiß, eiskalt oder meist angenehm warm, wie auf unserer Erde.
Sterne durchlaufen verschiedene Entwicklungsstufen. Sie entstehen und vergehen irgendwann wieder. Doch bevor ein Stern stirbt, bläht er sich gewaltig auf, wird orange und dann rot – ein roter Riese. Schließlich leuchtet er als weißer Zwerg nur noch wenig und dann, als kalter schwarzer Zwerg gar nicht mehr.
Bevor das mit unserer Sonne geschieht, vergehen allerdings noch mindestens fünf Milliarden Jahre. Wir müssen uns also darum keine Sorgen machen."

9. Sternentest

Der Erwachsene legt drei Sternmengenkärtchen in einer bestimmten Reihenfolge (1 Stern, 2 Sterne, 3 Sterne) so auf die Kartenunterlage, dass das Kind sie vor sich sieht. Auf der linken Seite des Kindes muss also das erste Kärtchen liegen und so weiter. Die drei übrigen Felder bleiben leer. Dann legt der Erwachsene weitere sechs Kärtchen (5 Sterne, 3 Sterne, 0 Sterne, 4 Sterne, 6 Sterne, 1 Stern) oberhalb des Arbeitsblattes. Von diesen sechs Kärtchen soll das Kind drei auswählen, die zu den ersten drei Kärtchen eine logische Ergänzung ergeben.

„Wir haben Sternenkärtchen mit einer unterschiedlichen Anzahl von Sternen darauf. Es gibt aber auch ein Kärtchen ohne Stern.

Du siehst vor dir ein Arbeitsblatt mit mehreren Feldern.

Zähle bitte alle Felder.

Auf wie vielen Feldern liegen Sternenkärtchen?

Hier sind noch Felder frei, wie viele Sternenkärtchen haben noch Platz?

Drei Sternenkärtchen fehlen also noch, die werden wir gleich hinlegen. Wir wollen dabei aber eine bestimmte Reihenfolge einhalten. Schau dir daher die ersten drei Sternenkärtchen genau an, zähle die Sterne und vergleiche sie untereinander.

Wie viele Sterne sind auf dem dritten Feld?

Welches Sternenkärtchen muss auf das vierte Feld? Richtig, auf dieses Feld gehört das Kärtchen mit den vier Sternen, denn nach der Drei kommt die Vier.

Welches Sternenkärtchen muss dann auf das fünfte Feld? Ja, hier muss das Kärtchen mit den fünf Sternen hin, denn nach der Vier kommt die Fünf.

Welches Sternenkärtchen muss also auf das sechste Feld?"

Bei einem Fehler muss der Erwachsene korrigieren, indem er die richtige Karte mit der entsprechenden Erklärung hinlegt.

Nun beginnt der eigentliche Test, denn ab jetzt soll das Kind die Lösung allein finden, um einen Punkt erhalten zu können. Wenn das Kind eine falsche Wahl trifft, wird das Kärtchen vom Erwachsenen wieder zu den anderen Auswahlkärtchen zurückgelegt, jedoch verkehrt herum, so dass sich die Auswahlmenge dadurch verringert („Versuch es noch einmal.").

Nach folgendem Schema werden die Kärtchen in den einzelnen Runden ausgelegt:

Runde	die ersten drei Kärtchen (Anzahl der Sterne)	Auswahlkärtchen (Anzahl der Sterne)	erwartete Lösung (Anzahl der Sterne)
0	1, 2, 3	5, 3, 0, 4, 6,1	4, 5, 6
1	2, 3, 4	7, 1, 8, 5, 6, 2	5, 6, 7
2	5, 6, 7	2, 10, 9, 6, 8, 0	8, 9, 10
3	10, 9, 8	8, 0, 6, 7, 5, 4	7, 6, 5
4	6, 5, 4	1, 0, 4, 3, 2, 9	3, 2, 1
5	0, 1, 2	0, 5, 8, 3, 1, 4	3, 4, 5
6	0, 2, 4	5, 0, 6, 7, 8, 10	6, 8, 10

Beobachtungshinweise

In jeder Runde kann ein Punkt gewonnen werden.
Es handelt sich bei diesem Sternentest nicht um einen psychologischen Test im herkömmlichen Sinn, das heißt, es liegen keine direkten Vergleichsdaten von Stichproben vor. Daher kann die Leistung des Kindes nur grob eingeschätzt werden.
Die meisten Kinder, die bald eingeschult werden, erzielen vermutlich mindestens drei Punkte. Jüngere Kinder werden wahrscheinlich Hilfe benötigen, sie sollten die Übung als gemeinsames Spiel zum „Sterneordnen" betrachten.

10. Große Sterne, kleine Sterne

Die Kinder ordnen die Sterne nach der Größe.
(„Zeigt mir eure linke Hand. Legt die Kärtchen mit den größten Sternen auf die linke Seite, alle großen Sterne sollen einen Sternenhaufen bilden …")

11. Bunte Sterne

Nun werden die Kinder gebeten, ihre Kärtchen nach der Farbe der Sterne zu sortieren.

Abschließendes Spiel:
Die Sonne geht auf

„Wisst ihr noch, wie der Stern heißt, den ihr alle kennt? Ja, ich meine unsere Sonne. Sie geht jeden Morgen für uns auf und macht, dass es hell und warm ist. Ein Kind darf jetzt die Sonne sein und nimmt die Taschenlampe. Die anderen Kinder sind Tiere, die entweder am Tage, oder wie die Fledermäuse und Eulen, in der Nacht munter herumwirbeln. Wenn die Taschenlampe zu leuchten beginnt, geht sie Sonne auf, alle Tiere, die tagsüber aktiv sind, werden langsam wach. Die nachtaktiven Tiere schlafen tief und fest …"
Nach einer Weile geht die Sonne unter, die Taschenlampe ist ausgeschaltet und die Tiere der Nacht erwachen, während die anderen schlafen.

Ankreuzen der durchgeführten Übungen in den Astronautenausweisen

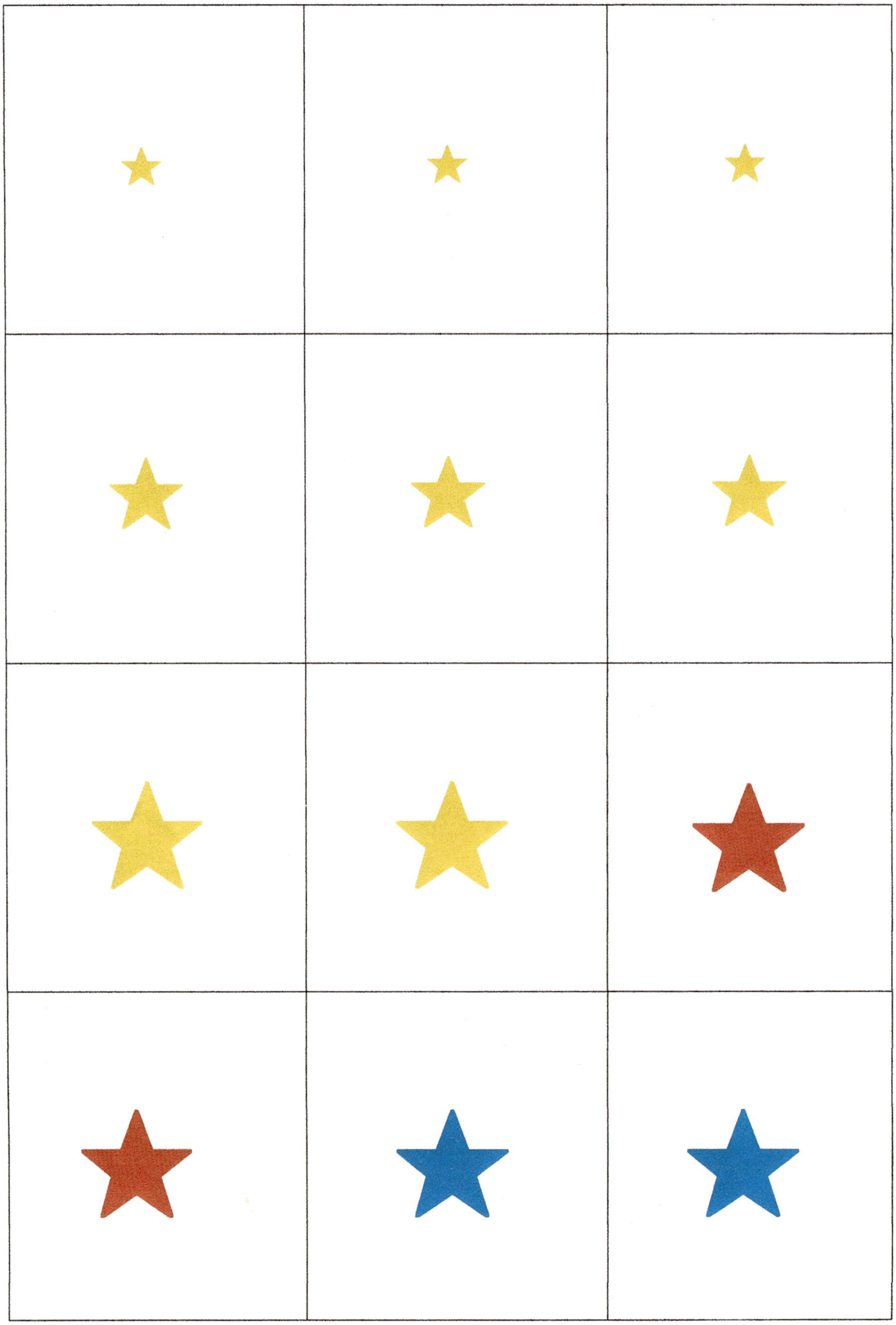

© 2004 verlag modernes lernen – Dortmund • aus: Maaß, Bestell-Nr. 1226

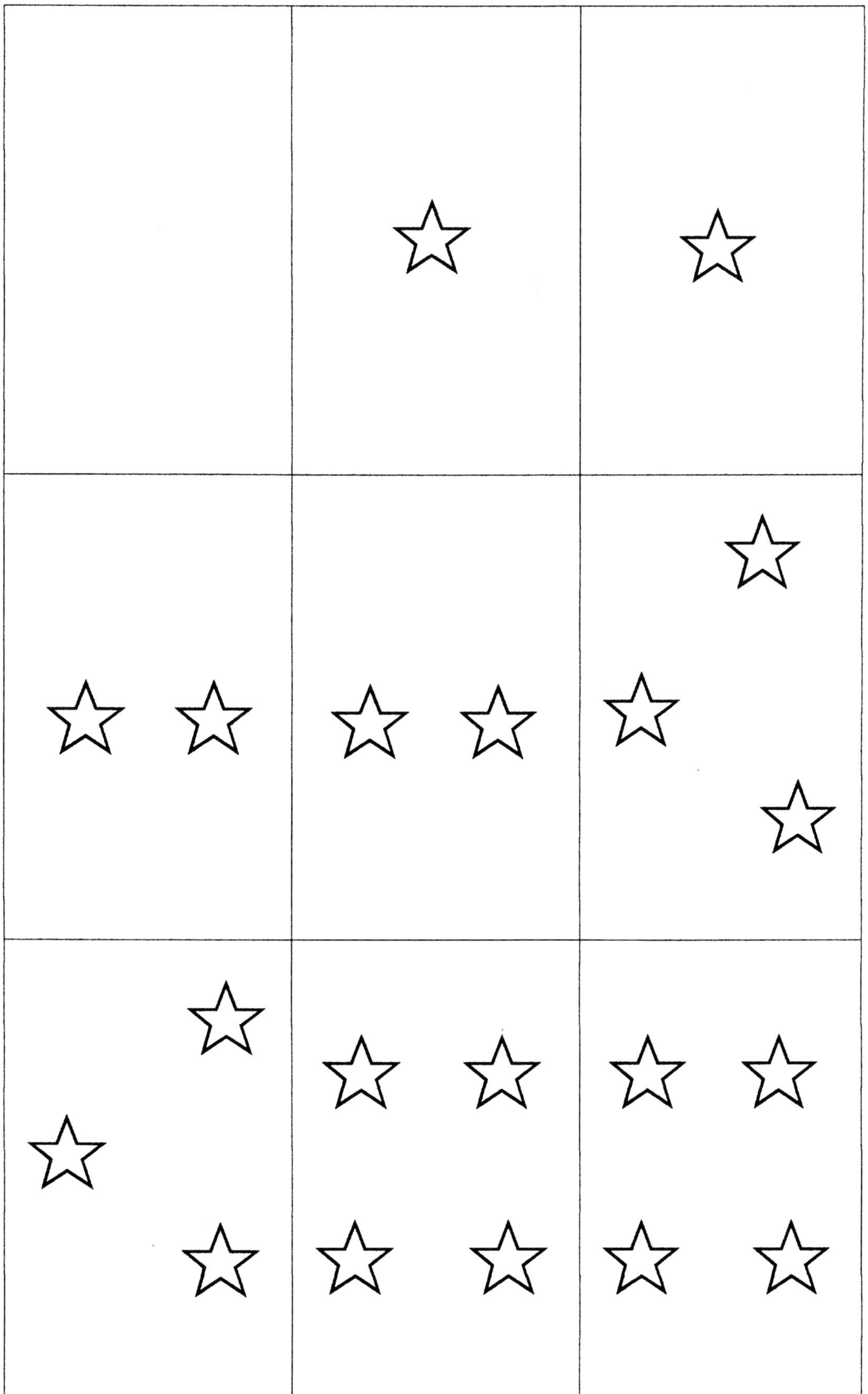

© 2004 verlag modernes lernen – Dortmund • aus: Maaß, Bestell-Nr. 1226

17 – 2

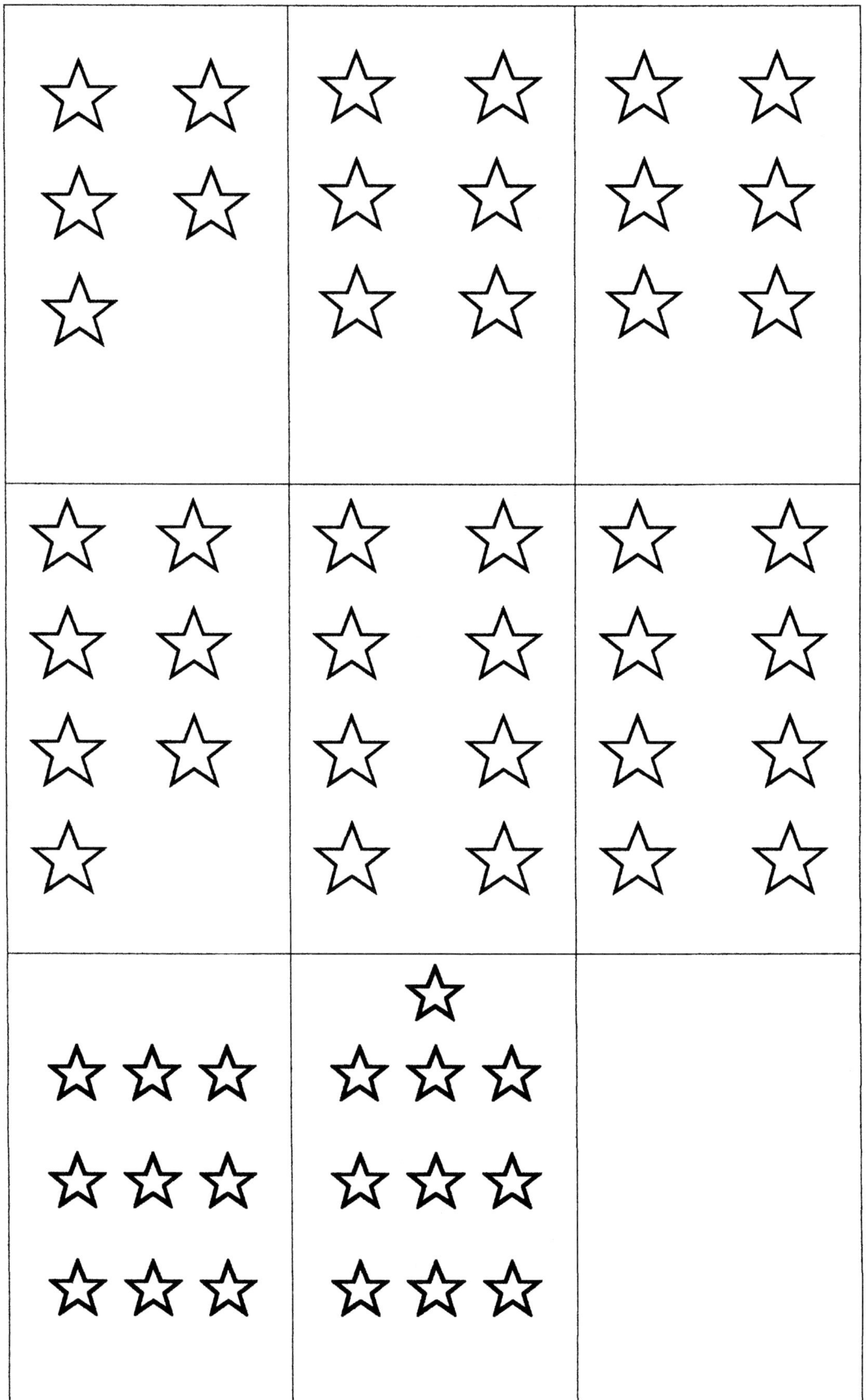

© 2004 verlag modernes lernen – Dortmund • aus: Maaß, Bestell-Nr. 1226

© 2004 verlag modernes lernen – Dortmund • aus: Maab, Bestell-Nr. 1220

17 – 4

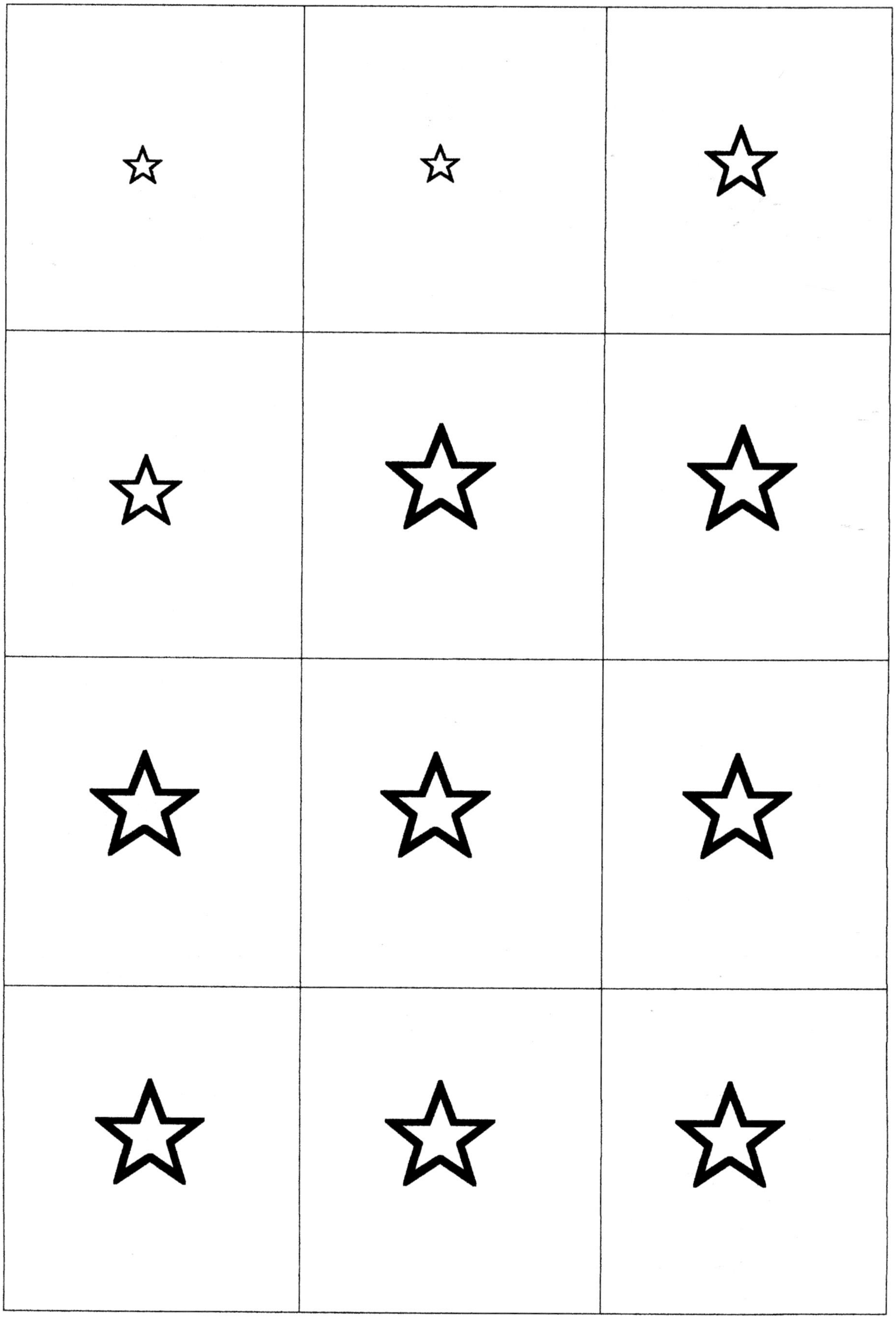

© 2004 verlag modernes lernen – Dortmund • aus: Maaß, Bestell-Nr. 1226

Erfolgsprotokoll für die Aufgaben zum rechnerischen Denken (Aufgaben 1-6 aus Teil I, Aufgaben 7-9 aus Teil II)

		Name und Alter der teilnehmenden Kinder						
Nr.	**Spiel oder Übung**							**getesteter Bereich**
1	Astronauten antreten lassen							Zählen mit Zuordnen
2	Der dritte, der erste und der letzte Astronaut steigen ein							Stellenbestimmung (Ordnungszahlen)
3	Anzahl vergleichen							Zählen mit Zuordnen, grober Vergleich von Teilmengen
4	Zwei weitere Astronauten steigen ein							zwei Teilmengen addieren, grober Vergleich von zwei Teilmengen
5	Wie viele sind noch draußen							simultanes Erfassen von einer Menge
6	Astronauten verlassen Rakete							Teilen von Mengen in zwei ungleiche Teilmengen
7	Links und rechts sollen genauso viele Astronauten sein							Teilen von Mengen in zwei gleich große Teilmengen
8	Spiel: 3 und 7							auditives Heraushören von Mengen, Zählen von Mengen
9	Sternentest							Mengenfolgen erkennen, Ordnungsstrukturen erfassen und selbst ausdenken
10	Große Sterne, kleine Sterne							Ordnen nach Größe
11	Bunte Sterne							Sortieren nach Farbe

Beobachtungen: ______________________________

____

____

____

____

❑ **Kein Kind zeigt im Bereich des rechnerischen Denkens Auffälligkeiten.**

© 2004 verlag modernes lernen – Dortmund • aus: Maab, Bestell-Nr. 1226

❑ **Folgende Kinder zeigen im Bereich des rechnerischen Denkens leichte Auffälligkeiten, die eine gezielte Beobachtung empfehlenswert machen:** ____________________

____

____

____

____

❑ **Folgende Kinder zeigen im Bereich des rechnerischen Denkens Auffälligkeiten:** ______

____

____

____

Daher sind nachfolgende Fördermaßnahmen angebracht: ____________________

____

____

____

____

____

____

____

____

____

____

____

❑ **Folgende Kinder zeigen im Bereich des rechnerischen Denkens Begabungen, die es zu fördern gilt:** ____________________

____

____

____

____

____

____

© 2004 verlag modernes lernen – Dortmund • aus: Maaß Bestell-Nr. 1226

Beispiele für Fördermaßnahmen im Bereich des rechnerischen Denkens

Im täglichen Zusammenleben mit den Kindern bieten sich vielfältige Möglichkeiten, um sie in ihrem rechnerischen Denken zu fördern.
Wenn Kinder beispielsweise den Tisch decken, können sie ganz nebenbei gefragt werden, wie viele Teller noch fehlen, damit jedes Kind einen bekommt.
Ein Kind kann beauftragt werden, zehn Gummibärchen gerecht mit seinem Freund zu teilen. „Wie viele Gummibärchen hat nun jeder von euch?"
Das simultane Erfassen von Mengen üben die Kinder fast automatisch, wenn sie z.B. „Mensch ärgere dich nicht" spielen.
Das Beherrschen von Ordnungszahlen kann man üben, indem man beispielsweise das Kind beauftragt: „Gib mir bitte den dritten Baustein."
Auf keinen Fall sollte man rechnerisches Können mit dem automatischen Herunterrattern von Zahlen verwechseln. Erst, wenn ein Kind die jeweiligen Zahlen richtig zuordnen kann, zählt es.

18. Einzelförderung (nach Bedarf)

Nun können die Kinder wieder, ihren Vorstellungen entsprechend, bereits durchgeführte oder ähnliche Spiele und Übungen wiederholen, die mit dem produktiven oder rechnerischen Denken zu tun haben. Der Erwachsene hat die Möglichkeit, einzelne Kinder zu fördern oder zu beobachten.
Allerdings könnten die Kinder jetzt auch stattdessen ein Bild malen, das einen Menschen, z.B. sie selbst, darstellt (siehe das Spiel „Das bin ich" in der 15. Übungseinheit). Dort sind auch die entsprechenden Beobachtungshinweise zu finden.

19. Vorbereitung des Abschlussfestes

Die Vorbereitung besteht vor allem im Gespräch mit den Kindern über ihre Vorstellungen, was den Ablauf des Festes betrifft. In ganz groben Zügen können den Kindern Anhaltspunkte gegeben und weitere Ideen der Kinder gesammelt werden.
Mit Hilfe der Kinder wird ein Plan erstellt. Ein Beispiel für den Ablauf des Festes findet sich im nächsten Kapitel.
Fragen wie diese sollten mit den Kindern besprochen werden:
- Wie soll der Ablauf vonstatten gehen?
- Was wird benötigt?
- Wer kann was besorgen?
- Welche Rollen sollen verteilt werden und wer möchte welche Rolle übernehmen?
- Welche kulinarischen Delikatessen dürfen auf keinen Fall fehlen?
- Wie kann der Raum gestaltet werden?
- Wen könnte man bitten, die Kinder zu fotografieren?

Mit einigen Vorbereitungen, wie z.B. Basteln von „Ohriohren“, dem Schaltpult oder Ähnlichem kann bereits begonnen werden.

20. Abschlussfest: Weltraumflug zum Planeten der Ohrenwesen

Alle Kinder nehmen am Weltraumflug teil. Die Rollen der Ohris, Mutschangos und Erdlinge werden erst nach der „Landung auf dem Planeten der Ohrenwesen“ übernommen.

Vorbereitung für den Start und den Flug in der Rakete

- Stuhlkreis – mit einer Lücke als Einstieg
- um die Stühle evtl. hochkant gestellte Tische oder Ähnliches als zusätzliche Abgrenzung
- Schaltpult
- Gürtel, Tücher, Schärpen oder Ähnliches an jedem Stuhl als Anschnallgurte
- Astronautenausweise
- Getränke (im Becher mit Deckel und Strohhalm oder Trinkpäckchen)
- Essen aus Büchsen oder Tuben (z.B. Erdnüsse in der Büchse, Tube gezuckerte Kondensmilch...)
- Helme (z.B. Fahrradhelme)
- Beleuchtung innerhalb des Stuhlkreises (z.B. kleine Lampe, Taschenlampe ...)
- Fotoapparat
- Lose zum Auslosen, wer ans Schaltpult darf
- eventuell Schneeanzüge als Weltraumanzüge
- geeignete Tücher, Seile, Riemen oder Ähnliches zum Anleinen
- Geschenke für die Ohris (Tasche, Ball und Kanne)

Vorbereitung für den Aufenthalt auf dem Planeten der Ohrenwesen

- Vorher besprechen oder auslosen, wer dann ein Ohrenwesen, ein Mutschango oder ein Erdling sein wird (etwa je ein Drittel der Kinder)
- Ohrenwesenhaus (z.B. ein Zelt oder eine Bude ...) und große Ohren aus Pappe für die Ohris
- Mutschangohöhle
- Kanne, Ball und Tasche als Gastgeschenke

Vorbereitung für das Abschiedsessen, das die Ohris geben

- Ohribowle (die Zutaten werden von den „Ohrikindern“ bestimmt und zusammengestellt)
- Mutschangodelikatessen (Salzstangen als Stöcke, Frikadellen als Steine und Erdklumpen oder andere Gerichte nach Wahl der „Mutschangos“)
- Lieblingsessen der Erdlinge (dürfen sich die „Erdlinge“ aussuchen)

Beispiel für den Ablauf des Festes in groben Zügen

- Die Astronauten stellen sich vor die Rakete mit dem Astronautenausweis in der Hand und dem Helm unterm Arm.
- Es werden Fotos von den mutigen Weltraumfahrern für die Zeitung geschossen.
- Alle geben der Reihe nach ihren Astronautenausweis ab und steigen einzeln ein.
- Sie suchen sich einen Platz und ziehen ein Los, welches darüber entscheidet, wer ans Schaltpult darf.
- Die Astronauten schnallen sich an und setzen den Helm auf.
- Das Kind am Schaltpult gibt Zeichen für den Countdown.
- Der Countdown wird gezählt.
- Die Rakete startet mit lautem Zischen und Rütteln: Alle müssen sich gut am Stuhl festhalten!
- Der Raum wird abgedunkelt (außer dem Licht innerhalb der Rakete).
- Im Weltraum: Die Astronauten schnallen sich ab und nehmen die Helme ab. Sie schweben innerhalb der Rakete.

- Zeit für einen kleinen Astronautenimbiss!
- Achtung: ein Meteoritenhagel! Das bedeutet: Anschnallen, Festhalten!
- Es folgt ein Weltraumspaziergang für einzelne oder alle Kinder: Helme auf, (imaginäre Weltraumanzüge oder Schneeanzüge anziehen), anleinen, um beim Arbeiten oder Schweben außerhalb der Rakete nicht verloren zu gehen.
- Wieder in der Rakete: Planet der Ohrenwesen kommt in Sicht, fertig machen zur Landung.
- Alle nehmen nach dem Ausstieg ihre Rollen ein und spielen sie (z.B. gehen die Ohrenwesen in ihr Haus, Mutschangos in ihre Höhle und die Erdlinge sehen sich um).
- Die Ohris kommen, um die Erdlinge zu begrüßen, erhalten ihre Geschenke, führen die Erdlinge herum, während sich die Mutschangos anschleichen ...
- Lieblingsspiele der Kinder können eingebaut werden.
- Als Höhepunkt geben die Ohris ein Abschiedsessen und laden ausnahmsweise auch die Mutschangos mit ein.
- Alle verabschieden sich...

6. Das entstandene Entwicklungsprofil – abschließende Betrachtungen

Das Frühförderprogramm ist für die Kinder beendet. Vielleicht schließen sich weitere Vorhaben zum Thema Weltall oder Weltraumfahrt an.
Für den Erwachsenen folgen Reflektionen. Wie ist es gelaufen? Könnte man beim nächsten Mal organisatorisch etwas verbessern? Was hat es den Kindern gebracht?
Die Erfolgsprotokolle, Beobachtungs- und Einschätzbögen geben einen Überblick über die jeweiligen in den einzelnen Übungsspielen beobachteten Fähigkeiten der Kinder. Nun besteht die Möglichkeit, anhand des nachfolgenden Formulars ein Entwicklungsprofil für jedes Kind zu erstellen. Dadurch werden die vorliegenden Ergebnisse zusammengefasst. Das erfordert keinen übermäßigen Arbeitsaufwand, da die Informationen ja gewissermaßen bereits in den Erfolgsprotokollen oder in den Beobachtungs- und Einschätzbögen zu finden sind.
Wenn in einem Bereich ausschließlich „+“ und „++“ zu finden sind, ist es relativ einfach, zu einer Gesamteinschätzung im Entwicklungsprofil zu gelangen. Sind dagegen auch Fragezeichen vorhanden, so wird im Entwicklungsprofil ein „?“ eingetragen, welches den Erwachsenen später veranlassen soll, weitere Beobachtungen vorzunehmen. Nur wenn überwiegend Minuszeichen zu finden sind, wird auch im Entwicklungsprofil ein „–“ vermerkt.
Das Leistungsniveau der Kinder verändert sich, gerade zum Ende des Vorschulalters, sehr schnell. Aufgrund der im Förderprogramm durchgeführten Übungen und davon abgeleiteten und bereits durchgeführten Fördermaßnahmen kann es zu großen Fortschritten innerhalb kürzester Zeit kommen.
Gerade wenn das Förderprogramm über einen längeren Zeitraum durchgeführt wird, sollte man daher das Anfangsniveau mit den Leistungen am Ende des Förderprogramms vergleichen, indem mit einem andersfarbigen Stift das neue Profil auf denselben Entwicklungsprofilbogen eingetragen wird.
Der Erwachsene hat jetzt ein genau auf jedes Kind zugeschnittenes Instrument, das Begabungen und potentielle Defizite anzeigt und das es dem Erwachsenen ermöglicht, weitere Fördermaßnahmen daraus abzuleiten.
Vorschläge sind am Ende der einzelnen Übungseinheiten zu finden.
Wenn sich alle Bezugspersonen des Kindes bezüglich der Fördermaßnahmen absprechen und an einem Strang ziehen, können für das jeweilige Kind optimale Bedingungen entstehen.

Entwicklungsprofil

Name des Kindes: ______________________________

Alter des Kindes: ______________________________

	getesteter entwicklungsrelevanter Funktionsbereich	++	+	?	-	(potentielle) Auffälligkeiten oder besondere Begabungen in folgenden Bereichen
1	auditive Wahrnehmung					
2	visuelle Wahrnehmung					
3	taktil-kinästhetische Wahrnehmung					
4	feinmotorische Entwicklung					
5	grobmotorische Entwicklung					
6	Aufmerksamkeit					
7	Gedächtnis					
8	Sprache					
9	produktives Denken					
10	rechnerisches Denken					
11	soziale Kompetenzen (siehe SEP)					

++ besondere Begabung in diesem Bereich, die gefördert werden sollte
+ altersgerechte Entwicklung
? eventuell leichte Auffälligkeiten; das Kind sollte diesbezüglich beobachtet werden
- das Kind zeigt hier Auffälligkeiten, die Fördermaßnahmen erforderlich machen

© 2004 verlag modernes lernen – Dortmund • aus: Maaß, Bestell-Nr. 1226

Geplante oder bereits durchgeführte Fördermaßnahmen

© 2004 verlag modernes lernen – Dortmund • aus: Maaß, Bestell-Nr. 1226

Literatur

Antoni, D. / Fischer, W. / Mayr, C. / Seyfried, H. (1979). Beobachtungssystem zur Messung der Lernfähigkeit bei Schulanfängern (BMLS). Wien: Ketterl.

Barbey, D. (1998). Unsere fünf Sinne. Ravensburger Buchverlag.

Barth, K. (1997). Lernschwächen früh erkennen im Vorschul- und Grundschulalter. München; Basel: Reinhardt.

Beck, S. (1988). Das Weltall. Aus: Schau und lies – deine Welt. Nürnberg: Tessloff.

Eggert, D. / Peter, T. (1992). Diagnostisches Inventar auditiver Alltagshandlungen. Dortmund: Borgmann.

Eggert, D. (1993). Diagnostisches Inventar motorischer Basiskompetenzen. Dortmund: Borgmann.

Flehmig, I. (1987). Denver Entwicklungstest (deutsche Bearbeitung). Stuttgart: Thieme.

Frostig, M. / Lockowandt, O.: Deutsche Bearbeitung (1996). Frostigs Entwicklungstest der visuellen Wahrnehmung: FEW. Weinheim: Beltz Test Gesellschaft.

Guthke, J. (1983). Mengenfolgen-Test. Berlin: Psychodiagnostisches Zentrum.

Hofmann, H. / Kopp, U. (1990). Das große Buch der Antworten auf Kinderfragen. Niederhausen: Falken-Verlag.

Kastner-Koller, U. / Deimann, P. (2002). Der Wiener Entwicklungstest (WET). Hogrefe.

Keller, S. / Wolf, H. / Köhler, L. / Ptock, H. / Kramp, M. / Domachowski, A. / Lewin, K. / Müller, C. / Arndt, M. (1986). Körpererziehung im Kindergarten. Berlin: Volk und Wissen.

Kiphard, E.J. (1975). Probleme der sensomotorischen Entwicklungsdiagnostik im Kleinkind- und Vorschulalter. In: Motorik im Vorschulalter. (Hrsg.: Müller, H.-J. / Decker, F. / Schilling, F.).Schriftenreihe des Bundesinstituts für Sportwissenschaft. Band I. Schorndorf: Verlag Karl Hofmann.

Laewen, H.-J. (2003). Grenzsteine der Entwicklung als Grundlage eines Frühwarnsystems für Risikolagen in Kindertageseinrichtungen. INFANS BERLIN. In: KITA Debatte 1/2003.

Lauth, G. W. / Schlottke, P. F. / Naumann, K. (2000). Rastlose Kinder, ratlose Eltern. München: dtv.

Lauth, G. W. / Schlottke, P. F. (2001). Training mit aufmerksamkeitsgestörten Kindern. Weinheim: PVU.

Ledl, V. (1996). Kinder beobachten und fördern. Wien: Jugend und Volk.

Mayes, S. / Paine, C. H. (1999). Fahrzeuge-Flugmaschinen. Ravensburger Buchverlag.

Odreitz, H. (1982). Auditive Beeinträchtigung bei Kindern. Klagenfurt: Bundesministerium für Unterricht und Kunst / Zentrum für Schulversuche und Schulentwicklung, Abt.1. (Reihe Arbeitsberichte Nr. 1 / 13).

Odreitz, H. (1982). Pädagogische Kriterien zur Feststellung von Fördernotwendigkeiten. Klagenfurt: Bundesministerium für Unterricht und Kunst / Zentrum für Schulversuche und Schulentwicklung, Abt.1. (Reihe Arbeitsberichte Nr. 1 / 15).

Pieper, W. (1990). Entwicklung der Wahrnehmung. In: Angewandte Entwicklungspsychologie des Kindes- und Jugendalters (Hrsg.: Hetzer u.a.). Heidelberg – Wiesbaden: Quelle & Meyer.

Seyfried, H. / Helbock M. / Zeman, M. (1985). Eingangsdiagnose. Wien: Ketterl.

Waide, L. (1990). Spielend reden lernen. Berlin: Volk und Wissen.

Williams, B. / Williams, B. (Sonderausgabe ohne Jahresangabe). Wissen für Kinder: Forschung und Technik. Larousse-Verlag für die Planet Medien AG, Zug.

Williams, B. / Williams, B. (1993). 1001 Wunder aus Forschung und Technik. Köln: VEMAG Verlags- und Medien Aktiengesellschaft.

Zimbardo, G. (1999). Psychologie. 7. Auflage. Berlin: Springer.

Anhang
Kopiervorlagen für die Astronautenausweise

Die Seiten müssen kopiert und waagerecht in der Mitte durchgeschnitten werden.
Dann klebt und faltet man sie wie eine Ziehharmonika zusammen.

Astronautenausweis

Name: ____________________

Alter: ____________________

Adresse: ____________________

____

Unterschrift____________________

1. Hören wie die Ohrenwesen (auditive Wahrnehmung)	**Übung mitge-macht**	**war schön**	**war nicht schön**	
Geräuscheschütteln				
Mutschangosprache				
Wo ist der Mutschango?				
Geräuscheraten				
Ein Mutschango schleicht...				
Anfang und Ende				
Geräuschgeschichte				
Stuhltanz				

Darüber habe ich etwas gelernt:

Hören – was ist das und wie funktioniert es?

2. Augen auf (visuelle Wahrnehmung)	**Übung mitge-macht**	**war schön**	**war nicht schön**
Raketenstart			
Verkehrt herum			
Unterschiede			
Punkte verbinden			
Wettkriechen der Mutschangobabys			
Im Mutschangomagen			
Wer kann Bilder nachzeichnen?			
Strecken zeichnen			
Farbentanzen			

Darüber habe ich etwas gelernt:

Die Augen und das Sehen.

© 2004 verlag modernes lernen – Dortmund • aus: Maaß Bestell-Nr. 1226

3. Fühlen und Tasten (taktil-kinästhetische Wahrnehmung)	**Übung mitgemacht**	**war schön**	**war nicht schön**		**4. Besichtigung des Raumschiffs** (Feinmotorik)	**Übung mitgemacht**	**war schön**	**war nicht schön**
Mutschangos und Ohrenwesen					Tür mit dem „Zauberstift" öffnen			
Auf den Körper zeichnen					Schaltpult			
Könnt ihr das? Der Finger-Daumen-Test					Blinklichter am Schaltpult			
Könnt ihr das? Der Finger-Nase-Test					Vitaminpillen in Fläschchen füllen			
Fingerspiel: Raketenstart					Routenplan			
Gesehenes ertasten					Gurt schließen			
Gleich oder anders?					Geheime Türöffnungsbilder abzeichnen (Kreis und Dreieck)			
Bewegen nach Musik					Tür von innen mit „Zauberstift" öffnen			
					Planeten kreisen			

Das habe ich gelernt:
Ein Fingerspiel und wie man den Countdown zählt.

Darüber habe ich etwas gelernt:
Planeten

5. Astronautenkörpertraining Teil I (Grobmotorik)	**Übung mitgemacht**	**war schön**	**war nicht schön**		**6.Astronautenkörpertraining Teil II** (Grobmotorik)	**Übung mitgemacht**	**war schön**	**war nicht schön**
Reaktionslauf								
Einbeinhüpfen mit dem rechten und linken Bein					Balancieren rückwärts			
Hopserlauf					Kriechen			
Balancieren vorwärts					Hindernissprung			
Springen vom Balken...					Fersengang			
Seitwärtsrolle					Hampelmann			
Zehenspitzengang					Ball werfen			
Drehsprung					Ball fangen			
Spiel: „Fünf Gegenstände"					Zielwerfen			
Auf einem Bein stehen					Ball aufgeprellt fangen			
Mit geschlossenen Augen auf einem Bein stehen					Spiel: Bauch an Bauch			
Spiel: Feuer, Wasser, Sturm								

Darüber habe ich etwas gelernt:
Warum die Astronauten ihren Körper trainieren müssen

© 2004 verlag modernes lernen – Dortmund • aus: Maaß, Bestell-Nr. 1226

7. Die Geschichte der Raumfahrt (Aufmerksamkeitsfähigkeit)	**Übung mitgemacht**	**war schön**	**war nicht schön**		**8. Dem Ohri die Welt erklären** (sprachliche Entwicklung)	**Übung mitgemacht**	**war schön**	**war nicht schön**
Papierflugzeug falten und fliegen lassen					Was ist das?			
Die Schwerkraft ausprobieren					Bildergeschichten			
Kleines Luftballonexperiment: so funktioniert die Rakete					Spiel: Auf die Insel			
Spiel: Ball aus dem All					**9. Weißt du noch?** (Gedächtnisübungen)			
					Mutschangowörter			
					Ich packe meinen Astronautenkoffer			
					Kim-Spiel			
					Spiel: So viele Aufträge			

Darüber habe ich etwas gelernt:
Fliegen, Raketen und Raumfähren, Leben im All…

Darüber habe ich etwas gelernt:
Unser Planet, die Erde

10. Die Ohrischule (Übungen zum produktiven Denken, Teil I und II)	**Übung mitgemacht**	**war schön**	**war nicht schön**		**11. Zehn Astronauten** (Übungen zum rechnerischen Denken Teil I und II)	**Übung mitgemacht**	**war schön**	**war nicht schön**
Wozu braucht man das?					Astronauten antreten lassen			
Was passiert, wenn…?					Der 3., der 1. und der letzte Astronaut steigen ein			
Gegensätze					Anzahl vergleichen			
Quatschgeschichte					Zwei weitere Astronauten steigen ein			
Bildgeschichte ordnen					Wie viele sind noch draußen?			
Spiel: Partner finden					Astronauten verlassen Rakete			
Kanne, Ball, Tasche					Links und rechts sollen genauso viele Astronauten sein			
Aus Formen etwas zaubern					Spiel: Drei und Sieben			
Spiel: Kindermuster legen					Sternentest			
Bild: „Das bin ich"					Große Sterne, kleine Sterne			
					Bunte Sterne			
					Spiel: Die Sonne geht auf			

Darüber habe ich etwas gelernt:
Drei Formen und was man daraus zaubern kann

Darüber habe ich etwas gelernt:
Weltraumanzüge, Sterne und unsere Sonne

© 2004 verlag modernes lernen – Dortmund • aus: Maaß, Bestell-Nr. 1226